土地权属争议调处案例选

国土资源部地籍管理司　编

中 国 农 业 出 版 社

图书在版编目（CIP）数据

土地权属争议调处案例选/国土资源部地籍管理司编. 北京：中国农业出版社，2006.4
ISBN 7-109-10832-5

Ⅰ.土… Ⅱ.国… Ⅲ.土地所有权-经济纠纷-调解-案例-中国 Ⅳ.D922.335

中国版本图书馆CIP数据核字（2006）第031631号

中国农业出版社出版
（北京市朝阳区农展馆北路2号）
（邮政编码 100026）
出版人：傅玉祥
责任编辑 洪兆敏

中国农业出版社印刷厂印刷 新华书店北京发行所发行
2006年4月第1版 2006年4月北京第1次印刷

开本：850mm×1168mm 1/32 印张：8.375
字数：198千字 印数：1～5 000册
定价：28.00元

《土地权属争议调处案例选》

主　　编　樊志全

副 主 编　程　烨　赵　龙　魏淑英

孙建宏

编写人员（以姓氏笔画为序）

王　文　王亦白　卢立为

孙建宏　杨祝晖　李万东

李金鹿　佟绍伟　邱烈飞

胡碧霞　赵　龙　钟京涛

郜　莉　高　岚　高　瞩

黄　亮　扈传荣　程　烨

樊志全　魏淑英

《土地权属争议调处案例选》通讯编辑

北京市国土资源局：梁贵明

天津市国土资源和房屋管理局：王国臣

河北省国土资源厅：翟治国

山西省国土资源厅：胡海龙

内蒙古自治区国土资源厅：高子清

辽宁省国土资源厅：李　展

吉林省国土资源厅：安居明

黑龙江省国土资源厅：韩德萍

江苏省国土资源厅：陶　镕

浙江省国土资源厅：高　瞩

安徽省国土资源厅：李传殿

福建省国土资源厅：徐诗国

江西省国土资源厅：钟致平

山东省国土资源厅：董国海

河南省国土资源厅：高　岚

湖北省国土资源厅：陈大才

湖南省国土资源厅：杨利民

广东省国土资源厅：朱石济

广西壮族自治区国土资源厅：黎　萍

海南省国土环境资源厅：石成功

重庆市国土资源和房屋管理局：翟建松

四川省国土资源厅：张　莉

贵州省国土资源厅：尹晓勤

云南省国土资源厅：俞鸿鹰

西藏自治区国土资源厅：菅仕民

陕西省国土资源厅：丁志建

甘肃省国土资源厅：郭茂生

青海省国土资源厅：刘长义

宁夏回族自治区国土资源厅：周　泓

新疆维吾尔自治区国土资源厅：阿冷别克

序 言

党的十六届四中全会作出构建社会主义和谐社会的重大战略决策，是我们党从全面建设小康社会、开创中国特色社会主义事业新局面的全局出发，提出的一项伟大历史任务。构建社会主义和谐社会，国土资源管理工作必须做到依法行政，切实维护好国家和广大群众的合法土地权益，有效预防和处理群体性事件，为经济和社会发展创造良好的环境。据统计，全国每年发生约3万起土地权属争议，由此引发的群体性事件时有发生。大量的土地权属争议，不仅不利于保护人民群众合法权益，同时还严重影响着社会稳定，制约着构建和谐社会的步伐。

为进一步完善土地产权管理制度，加强对土地权属争议调处工作的指导，在部领导的重视下，国土资源部地籍管理司组成专门课题组，编写了《土地权属争议调处案例选》。经过课题组一年多的努力工作，《土地权属争议调处案例选》终于成稿。该书首次对近年来全国调处的土地权属争议案例进行了系统性的归纳、整理、筛选和分析评议，是各级国土资源管理部门争议调处工作人员辛勤工作的结晶。

俗话说："例以辅律，非以破律"，案例对行政调处、司法审判工作的指导意义和参考价值始终被我国各级行政管理部门及司法审判部门所重视。案例研究通过对具有典型意义的案例进行分析，为今后全国土地权属争议调处工作提供有益的指导和参考。

需要指出的是，关于土地产权制度的研究，尚处于起步阶段。一方面，还有许多理论和实践的问题有待进一步思考和讨论；另一方面，我国土地制度变革的历史进程将不断地把新情况、新问题提到我们面前，要求我们去总结、探索和创新。因此，作者期待着人们对本书的批评，更期待着与众多有志于我国土地产权制度建设和土地权属争议调处工作的同仁们交流、合作，为推进我国的土地法制建设，实现祖国的繁荣富强和长治久安而努力工作。

2006年3月

目　录

第二部分 国有土地使用权权属争议

第三部分　集体土地所有权权属争议

第四部分　集体土地使用权及他项权利权属争议

1

第一部分

国有土地与集体土地权属争议

1. 国家和城镇集体单位长期、连续使用农民集体土地作为农业用途，土地所有权归国家所有

一、争议当事人

申 请 人：甲村

被申请人：乙农场

二、争议的基本情况

争议土地自1951年土改后就属于甲村几十户村民，以其持有的当地县政府于1951年11月签发的土地房产所有证为凭。该幅土地历经1956年的高级合作社和1958年的人民公社，一直属于该村集体所有并耕种。1962年7月23日，该生产大队因地多人少，把该幅土地赠予了丙大队进行长期自由耕作，合约中单列一条所有权归属问题："甲方赠送土地所有权给丙方永远所有，甲方是无条件赠送"。而事实上作为受赠方丙大队并没有"长期自由耕作"。因不熟悉水稻生产，经不住蚂蟥叮咬的考验，不到一年便全部撤回老家。1963年，县政府为解决"土劳"矛盾，把该幅土地从"拥军"的角度转交给了当时驻该村某部队，并经营13年之久。1976年2月，部队撤离时，由当时的县革命委员会牵头，又把该幅土地移交给了市乙农场经营。1990年9月19日，经市农经委牵头，乙农场与甲村又签订协议，把该幅土地转包给了该村经营管理。2002年3月31日，甲村向市人民政府提出申请，要求确认对该幅土地享有使用权的事实。

三、处理意见及适用法律法规

市国土资源局经多方调查取证认为，根据当地县政府于1951年颁发的土地所有证，该幅土地所有权原来确实属于甲村，

但是，由于该幅土地的所有权人和丙大队于1962年7月23日签订了赠送土地合约，致使该村丧失了对该幅土地原有的实体权利。丙大队在受赠不到一年时间因不适应耕作，又自动放弃了对该幅土地行使权利。1963年经县政府批准，将该幅土地转让给当地驻军作为农副业用地，部队连续使用土地达13年，1976年因部队调防，经县革委会同意，将该幅土地移交给乙农场。1990年9月19日，经市农经委牵头，农场又将该幅土地的经营使用权转包给甲村，双方签订了承包协议，至此，进一步说明该村已承认该幅土地不为本村所有的事实。根据原国家土地管理局1995年发布的《确定土地所有权和使用权的若干规定》（[1995] 国土［籍］字第26号）第十六条第二款的规定："《六十条》公布时起至一九八二年五月《国家建设征用土地条例》公布时止，全民所有制单位、城市集体所有制单位使用的原农民集体所有的土地，有下列情形之一的，属于国家所有：

1. 签订过土地转移等有关协议的；
2. 经县级以上人民政府批准使用的；
3. 进行过一定补偿或安置劳动力的；
4. 接受农民集体馈赠的；
5. 已购买原集体所有的建筑物的；
6. 农民集体所有制企事业单位转为全民所有制或者城市集体所有制单位的。"认定当地驻军1963年使用原农民集体所有土地的行为，属于经县级以上人民政府批准同意的情形。因为《六十条》第二十一条第二款规定："生产队所有的土地，不经县级以上人民委员会的审查和批准，任何单位和个人都不得占用。……"当时的审查和批准，不能以现在的审批手续为标准。只要有证据证明，当时县政府为解决"土劳"矛盾，出面协调，将土地交给部队，就应当认为部队使用该块土地是经过县政府同意的。乙农场享有对该幅土地的使用权应属无误，故应维持现状，驳回甲村的申请要求。

四、案例评析

本案属于国有土地与集体土地权属争议案，争议土地经历了“集体－集体－国有”的土地权属变更过程，属于比较典型的案例。本案处理的关键有三点：

（1）甲村与丙大队的土地赠予行为是否有效。本案中甲村和乙大队 1962 年 7 月 23 日签订的赠予合约，双方主体合格，意思自愿，符合一般民事合同要件，并且当时法律（具体可详见 1950 年 6 月 28 日《土地改革法》，1954 年 9 月 20 日《中华人民共和国宪法》和 1962 年 9 月《农村人民公社工作条例修正草案》）也无禁止规定。故应认定该土地赠予行为有效。

（2）丙大队是否放弃了对该幅土地的所有权。本案中，丙大队受赠土地后耕种不到一年即抛荒，以后从未主张过对该幅土地所有权，在本案中也不是争议当事人，故可以认定，该大队放弃对该幅土地所有权的事实。

（3）驻军取得该宗土地使用权是否合法及其法律后果。1962 年《农村人民公社工作条例修正草案》即《六十条》中第二十一条第二款规定：“生产队所有的土地，不经县级以上人民委员会的审查和批准，任何单位和个人都不得占用。……”本着尊重历史的原则，当时的审查和批准，不能以现在的审批手续为标准，只要有证据证明，当时县政府为解决“土劳”矛盾，出面协调，将土地交给部队，就应当认为驻军使用该块土地是经过县政府同意的，当时县政府的行为就是一种批准行为。根据 1995 年 3 月 11 日发布的《确定土地所有权和使用权若干规定》第二十一条规定，判定国家享有争议土地的所有权是毋庸置疑的。

我国实行土地公有制，在土地各项权能中更重视土地使用权。本案中的争议土地，从 1963 年起经县级政府批准，由部队和国营农场等国家单位耕种连续使用长达 27 年，从“轻归属，重使用”原则考虑，建议在《确定土地所有权和使用权的若干规定》的修订过程中应明确“全民所有制单位、城镇集体所有制单位，连续使用农民集体所有土地已满二十年的，该土地视为国家所有，原使用者继续享有国有土地使用权”。

2. 土改时未进行分配，且“四固定”期间也没有确权给集体的土地所有权属于国家

一、争议当事人

申 请 人：甲镇某村、某林场

被申请人：乙镇某村组

二、争议的基本情况

争议土地位于甲镇东南，2002 年 2、3 月份乙镇某村组将此处少量耕地及荒地承包给了本组村民张某，张某植树 70 余万棵。某林场及甲镇某村认为乙镇某村组侵占其土地权利，由此发生土地权属争议。

甲镇某村诉称：发生争议 1 069 亩*土地，在其村界范围内，应属于该村所有。主张权利的理由和依据有 1953 年土地证 18 份、土地利用现状图、地形图等，以及翟某等四人的证言。

某林场诉称：争议区内有 500 余亩地在林场管辖区内，土地权属应该归林场。主张权利的理由和依据有土地利用现状图、地形图、甲镇政府 1996 年春天植树造林方案和会议记录等。

乙镇某村组辩称：解放前该村就有 3 户村民在争议区种地，土改时颁发有土地证，1982 年左右该组把争议区里的荒山分到组里每一户村民，认为争议区属于乙镇某村组所有。乙镇某村组的理由和依据：1953 年颁发的土地证以及 1982 年荒山承包的有关资料。

---

* 亩：15 亩等于 1 公顷。

经查，争议区面积1 560亩，2002年前双方从未发生争议。1953年乙镇村民乔某、张某在争议土地上耕种，并发有土地证，乙镇村民乔某证上土地面积4亩，其中荒地0.5亩。除此之外，土改时争议地周围大面积荒山荒坡并未分配给农民群众；“四固定”时争议区内有14.6亩土地固定给乙镇某村组。甲镇在1996年组织人员曾在现争议区植树，但未成活。

三、处理意见及适用法律法规

根据调查所得事实和《土地管理法》第四十条：“开发未确定使用权的国有荒山、荒地、荒滩从事种植业、林业、畜牧业、渔业生产的，经县级以上人民政府依法批准，可以确定给开发单位或者个人长期使用”；《确定土地所有权和使用权的若干规定》第四条：“依据1950年《中华人民共和国土地改革法》及有关规定，凡当时没有将土地所有权分配给农民的土地属于国家所有；实施1962年《农村人民公社工作条例修正草案》（以下简称《六十条》）未划入农民集体范围内的土地属于国家所有”、第十九条：“土地改革时分给农民并颁发了土地所有证的土地，属于农民集体所有；实施《六十条》时确定为集体所有的土地，属农民集体所有。依照第二章规定属于国家所有的除外”的规定。确定争议区土地土改时发有土地证书的4亩土地以及“四固定”时的14.6亩土地所有权归乙镇某村组所有，其余土地归国家所有，“其余土地”的国有土地使用权根据实际情况可分别确定给林场和张某。

四、案例评析

此类土地权属争议发生的特点：因《土地管理法》实施前，土地管理粗放，许多国有荒山、荒地由农民集体组织管理使用，这类土地权属争议多由集体之间产生，但在调查过程中发现，绝大多数集体提供不了属于集体所有的合法证据，只能按照国有荒山、荒地进行处理。土地利用现状调查时，由于土地管理和确权实践中对国家所有认识的不足，造成将部分荒山、荒地划在集体所有的范围内，这是目前确定这类土地权属争议面临的重要问题。对这类问题，单方指界成果不能作为确认土地权属的依据。

解决此类争议，首先向争议双方讲清国家确认土地权属的法律规定，讲清其耕种的历史情况无法作为确权依据；再根据争议各方提供的符合法律要求的证据以及调查认定的事实确定土地权属。

3. 实施《农村人民公社工作条例修正草案》（即《六十条》）“未划入农民集体范围内的土地属于国家所有”

一、争议当事人

申 请 人：甲村经济联社

被申请人：乙村村委会

二、争议的基本情况

争议土地原为河滩地，面积 34.51 亩。该幅土地 1992 年之前未曾发生过土地权属纠纷。1992 年初，台商郑某租用甲村土地投资办厂，组建公司。1992 年 5 月 15 日因修建一条通往厂区的道路，影响到乙村在争议土地上的水田灌排渠系，甲村与乙村为此发生争议。后经双方协商同意，在争议地区，以不影响乙村水田灌排用水的前提下，允许甲村引资办厂。其通往工厂大门的道路由公司出资修建，但由乙村负责现场放样。1996 年公司董事长郑某回台探亲，逾期未归，投资的厂房场地被闲置。此时，甲村决定收回被郑某租用的场地，并将厂房承包给他人办厂经营。乙村得知情况后，提出异议，引发土地权属争议。双方当事人，甲村和乙村先后于 1997 年 5 月 29 日和 1997 年 7 月 14 日向当地县人民政府提出申请，对土地所有权提出主张，要求政府依法对该河滩的土地权属进行调处。

甲村经济联社认为，争议土地长期归本村所有和使用，举证

20 世纪 60 年代蚕桑财产管理登记表、土地权属接边协议书、土地租赁合同公证书、农田基本建设现状图等；而乙村村委会则把农民夏某、吴某、杜某等人的证言和大队移民的 27 户证词，作为享有该幅土地所有权和使用权的证据。

三、处理意见及适用法律法规

当地县人民政府经调查取证，从争议双方提供的证言证物和查询土地档案资料，均未取得双方当事人享有该土地所有权的法律凭证。本案中双方争议的土地，在土改时并未分配给农民，贯彻《六十条》时，也未将该幅土地固定给有争议的任何一方农民集体。申请人 20 世纪 60 年代在该幅土地上垦殖种桑，90 年代初利用该土地引资办厂均是在没有依法取得集体土地所有权的情况下进行的。被申请人提供的举证材料，同样不具备取得该幅土地所有权的相关法律证据。根据原国家土地管理局 1995 年发布的《确定土地所有权和使用权的若干规定》第四条关于“依据 1950 年《中华人民共和国土地改革法》及有关规定，凡当时没有将土地所有权分配给农民的土地属于国家所有；实施一九六二年《农村人民公社工作条例修正草案》（即《六十条》）未划入农民集体范围内的土地属于国家所有。”和第二十六条关于“土地使用权确定给直接使用土地的具有法人资格的单位和个人。但法律、法规、本规定另有规定的除外。”的规定，当地县人民政府于 1999 年 3 月 1 日作出行政决定书称：争议土地所有权为国家所有，鉴于该争议土地长期由甲村管理使用，使用权应当确定给甲村农民集体。

申请人对县政府行政决定不服，又向当地市政府提起行政复议，市政府于 1999 年 5 月 28 日下达《行政复议决定书》维持原决定。申请人仍不服并向县人民法院提起行政诉讼。县人民法院经过进一步调查审理认为，县政府的处理事实清楚，适用法律正确，于 1999 年 9 月 1 日作出一审行政判决，驳回起诉，维持县政府决定。为此，申请人再次上诉市人民法院，市中级人民法院于 1999 年 12 月 20 日作出二审判决，驳回上诉，维持原判。

四、案例评析

本案属于比较典型的关于历史遗留的土地权属调处问题。本案处理的关键有三点：

（1）历史上是否已经根据有关法律法规对争议土地的权属作出过明确界定。从本案争议双方提出的证据看，在土改时并未明确将争议土地具体分配到农民个人。实施《六十条》以后，也未将争议土地明确固定给争议的任何一方的农民集体。

（2）对争议土地现实使用状况的分析和处理结果。本案申请人自 60 年代起就对争议土地进行垦殖种桑，使用时间长达几十年，对这一客观现实不能轻易改动和否定，要尊重历史，面对现实，合情、合理、合法地加以处理。

（3）争议双方相邻土地的他项权利是否得到保障。本案申请人在引资办厂、修建厂外道路过程中应确保被申请人土地相邻权的实现，如相邻通行权、相邻排水权等。

综上所述，当地县人民政府依据原国家土地管理局 1995 年《确定土地所有权和使用权的若干规定》第四条和第二十六条的规定，裁定争议土地所有权属国家所有，确定给长期使用该幅土地的申请人继续使用的实体权利是合情、合理、合法的。但在县政府的行政决定书中还应载明确保被申请人相邻土地的他项权利不受侵犯。

4. 国家未确定集体所有的林地、草地、山岭、荒山、涂滩以及其他土地为国家所有

一、争议当事人

申 请 人：甲经济合作社

被申请人：绿岛某社

二、争议的基本情况

1993年3月，某经济开发试验区征用争议土地，该区甲经济合作社（以下简称甲社）向该区绿岛经济合作联社属下八个经济合作社（以下简称绿岛某社）提出争议，要求政府将征收款划给该社所有。

争议地面积190亩，该土地被征收时属绿岛某社使用。解放后至1958年6月，在乙公社党委规划和组织下，以甲小乡（甲社前身）为主，在其他小乡（包括绿岛某社在内）及有关单位的帮助支援下，筑起坝堤，海水再无法进入坝堤，这样既开通了一条简易公路，方便了甲乡群众的出入，又使争议地由海尾变成了可以开发使用的土地。1958—1964年，政府对争议地没有确权，甲大队（甲社前身）和绿岛大队（绿岛某社前身）属下的生产队和个别群众自发到争议地开垦，种植农作物或养鱼等，同时有部分争议地丢荒。1964年底为了灭荒，经乙公社党委研究决定，对该坝海尾的土地进行划分，界线是：从××林场屋东北角起向该坝堤划一垂直线，该线北面土地约190亩（即现争议地）属绿岛大队，该线南面土地约200亩属甲大队。1965年初，绿岛大队按照公社划定的界线将争议地分给属下乙村子（即现某社）耕种。1970—1972年间，在当地县委工作组的指导帮助下，绿岛大队属下的乙村对争议地进行农田基本建设，平整土地，改良土壤，田丘方格化，并把与甲大队土地的分界线由小水沟改造为大水沟。从此，此沟便成为双方土地的分界线。1981年绿岛某社将争议地按人口比例分到各家各户经营至征用土地时止。

三、处理意见及适用法律法规

1994年，当地市政府作出《处理决定》，将争议地所有权和使用权确定为绿岛居委会。甲社不服，起诉至当地市中院，中院以争议主体不合格和甲社为主筑起坝堤没有得到利益为由撤销了当地市政府的决定。1999年7月，当地市政府根据中院的判决，对争议主体作了纠正，对事实作了反复核查和补充。市政府认为，解放后至1958年6月争议地是公共海尾，权属属国家所有。1958年6月至1964年底由于修筑了坝堤而变成可使用的土地，但争议地所有权性质没有改变。1964年底，经乙公社党委划分，争议地的使用权已划分给绿岛大队属下乙村（队）所有，并且连续使用权、收益至1993年3月争议时止，时间较长。因此，争议地的使用权应归绿岛属下各社所有。甲社以其筑起坝堤，乙公社党委划分给其经营，有连续的经营使用事实为由，主张争议地的权属，证据不足，理由不充分，不予支持。在此基础上，根据《中华人民共和国土地管理法》第十三条，《中华人民共和国土地管理法实施条例》第二条第四款，《关于加强滩涂资源管理工作的通知》（[1988] 国土 [法] 字第144号）第一条、第二条，《确定土地所有权和使用权的若干规定》第十八条、第二十条、第三十六条，粤府 [1996] 第27号第六条的规定，把争议地的所有权确定为国有，使用权确定给绿岛某社所有。

四、案例评析

这是一宗典型的土地权属争议案。这宗权属争议案，双方均没有任何权属证书。调处此类案件，主要是要查证争议地权属的形成历史、现状和取得土地权属的途径和过程等，才能准确、合理地确认争议地的权属归属。该案争议有三个焦点：

（1）查清筑坝堤时该坝海尾的范围。政府在作出第一次决定时，对这一事实没有调查清楚。在重作中，查到了1957年测绘、1958年出版的1∶2.5万甲村地形图，图上清楚地反映出当时该海尾的四至和面积，它既含了现争议的190亩土地，还包含了属于甲所有的220亩土地。也就是说筑起该坝堤，甲社也取得了相当一部分土地，如果该社再主张现争议的190亩土地权属，显然是不合理的，政府据此不应支持。

（2）公社党委对争议地的划分是否合法有效。一种意见认为，坝堤是以甲社为主筑起来的，该坝海尾变成土地后其权属应属甲社，当时乙公社党委只是口头划分，没有书面文字记载，不能视为土地权属的转移；另一种意见则认为，公社党委的口头划分，是一种合法的政府行为，从划分之日起，争议地的使用权随即转移给绿岛大队。我们认为，解决历史问题，决不能脱离当时的历史背景和实际条件，作为当时政社合一的公社，公社对土地的划分，生产队不反对，就应视为自愿的、同意的，在土地法规没有完善的历史条件下，就是一种合法的政府行为，应视为有效。因此，在坝堤筑起后，争议地的使用权虽然可以说是属于甲社的，但是，由于 1964 年底乙公社党委的划分，使争议地的使用权已合法地转移给绿岛某社了。

(3) 争议地的所有权是属国有还是属农民集体所有。一种意见认为，从 1964 年开始，争议地已由乙公社划分给绿岛大队，接着绿岛大队又将争议地分给属下的乙村所有，其所有权应属绿岛某社集体所有；另一种意见认为，解放后至 1958 年 6 月争议地属公共海尾的一部分，1958 年 6 月后虽然改变了争议地的用途，但是所有权性质没有变，且 1962 年“四固定”时政府没有将争议地的所有权确定为农民集体所有，其所有权仍属国有。我们认为第二种意见有法律依据。《宪法》第九条规定：“矿产、水流、森林、山岭、草原、滩涂等自然资源，都属于国家所有，即全民所有。”《农业法》第三条规定：“森林、山岭、草原、荒地、滩涂、水流等自然资源都属于国家所有。”《土地管理法实施条例》第三条规定：“国家未确定集体所有的林地、草地、山岭、荒山、涂滩以及其他土地为国家所有。”《确定土地所有权和使用权的若干规定》第四条规定：“依据 1950 年《土地管理法》及有关规定，凡当时没有将土地所有权分给农民的土地属于国家所有。”实施 1962 年《农村人民公社工作条例修正草案》未划入农民集体范围的土地属于国家所有。这些法律法规都说明争议地所有权属于国有性质。

此外，调处土地纠纷，争议主体必须明确、合格，主体不合格，将会导致被复议机关或人民法院判决撤销的法律后果。

当地市政府在作出第一次处理决定时，将争议地所有权确定给绿岛居委会，显而易见是主体错误。居委会是政府派出的一个办事机构，不能拥有土地的所有权；同时，实际长期使用土地的单位是其属下的八个经济合作社。因此，绿岛居委会在本案中不能成为一个主体，其合格的争议主体只能是绿岛某社。农民集体土地所有权只能依法确定给乡（镇）经济合作总社三种经济组织所有，否则，就是主体不合格。国有土地所有权只能确定给国家所有，如果将国有土地所有权确定给农民集体所有，则主体不合格。

5. 农村村民部分农转非后原宅基地土地所有权依然属于集体所有

一、争议当事人

申 请 人：张某

被申请人：甲村委会

二、争议的基本情况

张某原系甲村村民，在村中有宅基地一处。张某后因参加工作，转为非农业户口，但一直在甲村居住。张某以其为非农业户口为由，根据原国家土地管理局《关于确定土地权属问题的若干意见》（1989 国土籍字第 73 号）第六条："农民集体经济组织将原农民集体所有土地上的建筑物出售给全民所有制单位、城市集体所有制单位或城镇非农业人口居民的，其用地属于国家所有"的规定，申请办理国有土地使用权登记，而甲村委会认为该宗地为集体所有土地，由此引发土地权属争议。经调查，张某宅基地在甲村范围内，土地改革时期，该宅基地曾办理了《土地房产所有权证》；甲村到目前为止，尚未办理"村改居"，张某的宅基地也未被国家征用；1985年，原某市郊区人民政府为张某颁发了《农村宅基地使用权证》，再次对该宅基地的集体土地使用权进行了确认，张某一直未对领取的《农村宅基地使用证》提出异议。

三、处理意见及适用法律法规

根据原国家土地管理局《确定土地所有权和使用权的若干规定》第十九条规定："土地改革时分给农民并颁发了土地所有证的土地，属于集体所有。"该宅基地属于集体所有。

依据1962年《农村人民公社工作条例修正草案》第二十一条规定："生产队范围内的土地都归生产队所有……"，甲村辖区范围内的土地性质为集体所有，张某的宅基地应确定为集体土地使用权。

为此，人民政府依法裁定该宅基地为集体所有。

四、案例评析

本案实际上主要牵涉到身份变化对土地所有权的影响。从法理上讲，现代社会人人平等，身份的意义越来越淡薄。但是，由于我国农村和城市二元化的分离格局仍然未能打破，农业户口和非农业户口之间仍然存在着很大的差别。一个重要的区别就是，农业户口的，可以在本集体获得宅基地使用权，而一旦转为非农业户口，就不再是原农民集体的成员，就不再具备申请宅基地使用权的资格。但是，对原来享有的宅基地使用权，在房屋建筑物存续期间内仍然存在。不能因为农转非，身份变了，就自然地把宅基地变为国有。这实际上也牵涉到对《确定土地所有权和使用权的若干规定》第十四条的理解。根据十四条的规定，不经征用，农转非导致集体土地所有权变为国家所有的条件是：

(1) 国家建设征用土地。

(2) 农民集体的全部人口转为非农业人口，导致该农民集体实际上已经不复存在。

农民集体农转非是国家建设征用土地的结果。也就是说，没有建设征地，单纯的农转非并不能适用这一条。

在具备上述条件后，对未经征用的土地，也转为国家所有。这是因为，此时集体已经不复存在，原来的集体土地所有权已经没有了主体可供依存，所以，剩余的未征用土地自然转为国有。在不具备上述条件时，如只是村民个人被农转非，当然不能发生土地所有权转归国有的问题。

此外，需要说明的是：申请人依据的原国家土地管理局《关于确定土地权属问题的若干意见》在 1995 年《确定土地所有权和使用权的若干规定》发布时已作废，因此不能作为有效的法律依据。

6. 《六十条》公布时起至 1982 年 5 月《国家建设征用土地条例》公布时止，全民所有制单位、城市集体所有制单位使用的原农民集体所有的土地，在何种情况下转为国家所有？——案例（一）

一、争议当事人

申 请 人：某区 21 个自然村

被申请人：某石油公司

二、争议的基本情况

某区 21 个自然村与某石油公司争议的甲盐场，土地面积为 667 亩，经实测面积为 715.638 亩。原甲盐场 1957 年属大队盐场，1958—1962 年属公社、大队合办盐场，“四固定”时土地定为盐场集体所有，1963—1970 年属国社合办盐场，1970 年 11 月该盐场下放给公社经营管理，1971 年 3 月该盐场移交×军区生产建设兵团乙盐场，1974 年 8 月盐场移交省某化工厂，1981 年移交某石油公司管理使用至今。各阶段盐场土地权属变化均有移交协议或政府审批，手续完备。

申请人诉称：盐场解放前是地主张某围垦的土包。1952年土改时，政府没收该土地，将耕地分给农民耕种，个别农民现持有1953年政府发给的土地证。1957年公社化时期，由某区三个大队合办盐场。1958年甲公社与大队联营办起了甲盐场。1963年甲公社将甲盐场与市制盐工业局合办成国社合营的盐场。1971年由于“备战”的需要，市制盐工业局没有征得联营方某区三个大队的同意，擅自将该盐场的使用权移交给建设兵团。原盐场移交时，未办理过征用土地手续，也未给农民经济补偿，原当地革命委员会生产组不能代表政府行使批准土地移交确认权，原甲公社革命委员会和乙公社革命委员会在未征得原土地所有权人和使用权人的同意，就在交接协议书上盖章同意将土地移交兵团乙盐场，是一种越权行为。

被申请人辩称：原甲盐场于公社化时期由大队创办，人民公社成立后，变成公社、大队合办盐场，“四固定”时土地固定为盐场所有。1963年1月1日，当地市制盐工业局分别与甲公社、大队签订了《国社合营盐场协议书》，明确确定盐田现有的土地面积一律固定下来，属合营盐场所有和使用。1970年11月，经市革命委员会批准整改，国社合营乙盐场下放给甲、乙公社经营管理，盐场的产品全部交售给国家，不得私售挪用。盐场现有盐业水塘、荒滩、土地等一律归盐场使用，不得占用和调走，由盐场统一经营管理。1971年3月4日，市革命委员会生产组、甲公社革命委员会、乙公社革命委员会作为移交单位，×军区生产建设兵团生产部作为接收单位签订了《交接坡头盐场协议书》。将盐场土地及职工干部全部移交兵团，盐场在1963年国社合办时所欠国家银行贷款101 645.72元，由兵团偿还。1974年兵团建制撤销后，盐场归属省某化工厂，更名为省某化工厂盐场。1980年经省农垦总局和1981年经石油工业部批准，将省某化工厂盐场移交某石油公司勘探指挥部接管，至此，原甲盐场归属某石油公司管理使用。

三、处理意见及适用法律法规

根据《中华人民共和国土地管理法》第九条、《土地权属争议处理暂行办法》(原国家土地管理局令［1995］第4号）第三十二条、《确定土地所有权和使用权的若干规定》第十六条第二款1、2、3、6项:“一九六二年九月《六十条》公布以前，全民所有制单位，城市集体所有制单位和集体所有制的华侨农场使用的原农民集体所有的土地（含合作化之前的个人土地)，迄今没有退给农民集体的，属于国家所有。《六十条》公布时起至一九八二年五月《国家建设征用土地条例》公布时止，全民所有制单位、城市集体所有制单位使用的原农民集体所有的土地，有下列情形之一的，属于国家所有：

1. 签订过土地转移等有关协议的；
2. 经县级以上人民政府批准使用的；
3. 进行过一定补偿或安置劳动力的；
4. 接受农民集体馈赠的；
5. 已购买原集体所有的建筑物的；
6. 农民集体所有制企事业单位转为全民所有制或者城市集体所有制单位的”和第二十七条:“土地使用者经国家依法划拨、出让或解放初期接收、沿用，或通过依法转让、继承、接受地上建筑物等方式使用国有土地的，可确定其国有土地使用权”的规定，当地市人民政府作出以下处理决定：确认原甲盐场715.638亩土地所有权属国家所有，其土地使用权归属某石油公司使用，由国土部门颁发国有土地使用证。

四、案例评析

在该案的整个调查处理中，由于该案跨越时间长，土地经多次转移，案情较为复杂。从1952年土改、1957年三个大队合办盐场、到1963年国社合营、至1970年下放管理，应该说这一阶段土地权属仍属盐场集体所有。此案的关键所在是1971年原市革委会生产组、甲公社革委会、乙公社革委会作为移交单位，×军区生产建设兵团生产部作为接收单位，双方签订了《交接坡头盐场协议书》，兵团接收盐场全部财产（含职工、干部），并负责盐场所欠债务的偿还。至此，接收单位以承担被接收单位债务的形式对原来的土地所有权人进行了补偿。根据《确定土地所有权和使用权的若干规定》第十六条第二款第三项，土地权属已由集体所有转为国家所有，这一点是解决本案争议的核心所在。

本案中，申请人强调土地未办理征用手续，也未给农民经济补偿，原当地区革委会生产组不能代表政府行使批准土地移交确认权，交接协议也未征得原土地所有人和使用人同意，是一种越权行为。在这里需要说明的是："文化大革命期间"革委会生产组是当时合法的机构，代表政府行使包括征地批准等权利。因此，当地市政府在认定事实、调查证据和适用法律法规以及处理结果是正确的。

7.《六十条》公布时起至 1982 年 5 月《国家建设征用土地条例》公布时止，全民所有制单位、城市集体所有制单位使用的原农民集体所有的土地，在何种情况下转为国家所有？——案例（二）

一、争议当事人

申 请 人：某食品公司

被申请人：甲村某屯

二、争议的基本情况

争议地位于市区北面，当时×部队右边某屯北面的×岗（地名）在 1958、1959 年先后由化工厂与食品公司使用，食品公司用做养鸡场和养殖场，当时已按有关规定给予补偿，但由于群众分不到补偿费而引起纠纷。1975 年，在市调处办的主持下，争议双方（甲生产队与食品公司）通过协商，达成协议：①对占用的水田 7.2 亩，园地 21.8 亩分别按三年产量折款补偿共人民币 2 458.2 元给予某屯生产队；②某屯生产队同意将×岗（即养猪场）后背的荒山地划归食品公司，在此地上附着物蜜梨、竹子由食品公司付给种子费和人工费共 144 元，而后以上土地归属食品公司。该协议签订后一直到 1988 年，没有争议，1988 年后，某屯群众认为协议不合法，认为对后山的荒地不予补偿是不合法的。要求重新给予补偿或退回土地。

三、处理意见及适用法律法规

根据原国家土地局《确定土地所有权和使用权的若干规定》第二章第十六条规定："一九六二年九月《六十条》公布以前，全民所有制单位和集体所有制的华侨农场使用的原农民集体所有的土地（含合作化之前的个人土地），迄今没有退给农民集体的，属国家所有。《六十条》公布时起至一九八二年五月《国家建设征用土地条例》公布时止，全民所有制单位、城市集体所有制单位使用原农民集体所有的土地，有下列情形之一的，属国家所有：

1. 签证过土地转移等有关协议的；
2. 经县级以上人民政府批准使用的；
3. 进行过一定补偿或安置劳动力的；
4. 接受农民集体馈赠的。"

由此，国土局认定甲岗（原食品公司养猪场）后背山的荒山地属国家所有，土地使用权归食品公司，土地使用权总面积为 50.87 亩。

对此意见市人民政府责成市法制办审核后，于 2002 年 12 月 22 日下发行政处理决定书，确定本案争议的"×岗"土地为国家所有。申请人对此决定不服，上诉到市人民法院，市人民法院进行案情调查、核实，维持了市人民政府的处理决定。

8.《六十条》公布时起至 1982 年 5 月《国家建设征用土地条例》公布时止，全民所有制单位、城市集体所有制单位使用的原农民集体所有的土地，在何种情况下转为国家所有？——案例（三）

一、争议当事人

申 请 人：甲、乙两村民小组

被申请人：丙供销社

二、争议的基本情况

甲、乙两村民小组与丙供销社的争议面积 5 060.5 平方米，是原某埔的一部分。1951 年，甲、乙两村部分村民将该埔的部分草地开垦为埔地，种上农作物，并于 1953 年将部分土地领取《土地房产所有证》。而丙供销社原为×供销分站，始建于 1950 年，是农民集体所有的合作经济组织。1977 年该供销分站成立，并因办公、住宅、经营等需要，根据原人民公社的安排，从 1950—1978 年间陆续在原某埔建有收购站、仓库、售货门市、住宅、办公楼等，其中 1962 年初以前占用土地面积 2 146 平方米，1963—1978 年间占用土地面积 2 914.5 平方米，其中 441.5 平方米已经用化肥作了补偿。该供销社将上述用地于 1992 年向县土地发证办申请登记，并于 1994 年经审核颁发了《国有土地使用证》，1999 年经县土地发证办年检核准后换发了《国有土地使用证》。1998 年，由于企业改制，该社将部分门市转让，从而引起甲、乙两村民小组与该镇丙供销社的土地权属争议。

三、处理意见及适用法律法规

丙供销社原为×供销分站，建于 1950 年初，是农民集体所有的合作经济组织。基层供销社在60年代已由原农民集体所有制转变为城镇集体所有制单位，争议土地部分（441.5平方米）进行过补偿。根据《中华人民共和国土地管理法》第八条一款、《中华人民共和国城市规划法》第三条、原国家土地管理局《关于确定土地所有权和使用权的若干规定》第十六条第一款、第二款第三、六项的规定，该社在成立后至1978年使用的土地，已作补偿的部分（441.5平方米）土地属国家所有。在此期间，由于该社已由原农民集体所有制单位转变为城镇集体所有制单位，其所使用的其他土地随之转移属于国家所有。因此，该社所使用的争议地全部属于国家所有。其土地使用权属于供销合作社。本案裁定后，经市政府行政复议维持原处理决定。两村民小组不服，起诉到当地市中级人民法院，市中级人民法院作出判决，维持原处理决定。

四、案例评析

此案的重点在于丙供销社由原农民集体所有制单位转变为城镇集体所有制单位的过程。供销合作社集体性质（城市集体或农民集体）的确认，是确定该土地所有权的关键，应依据批准成立时所确立的性质，并对其演变情况进行调查的基础上加以认定。

由于此类土地权属纠纷问题涉及面广，跨越年代较远，处理难度大，尤其是近年来在企业改制过程中，企业将资产转卖、处置等带来许多问题和争议，而法律、法规没有明确的界定，由此引发的矛盾有如下两方面：

（1）乡镇企业、企事业单位用地均是由原人民公社或生产大队安排的行政划拨土地，大部分当时未曾给予土地补偿，而近年来一些企业和单位的改制对固定资产进行转卖，涉及到土地使用权和所有权问题。当地村民提出允许企业单位继续按原来用途使用，但转卖房产、土地，企业单位赚钱，农民未得到利益。因此，要求给予土地补偿或归还土地所有权。

（2）各镇的企事业单位用地，过去是由行政部门划拨所取得的土地使用权，大部分均由土地部门颁发了《国有土地使用证》，且对土地已使用了十几年乃至几十年，如要归还农民集体土地所有权或进行土地补偿，涉及面广，处理难度大，而且影响到有关政府部门和公益事业的用地。就此案而言，两村民小组认定整个埔 85 亩土地都是其集体土地，要求各单位的用地归两村民小组所有。他们以丙供销社用地为突破口，继而将当地镇政府所在地、粮所、食品站、卫生院、税务所等 10 多个部门和单位的用地归还其两村民集体所有，类似这一问题各地区均有发生。这样一来势必造成镇一级的国有土地管理复杂化。

在处理此类案件过程中，一定要尊重历史事实，注意把握好各个历史时期的政策界线。凡经县级人民政府批准使用的或签有协议的，应确定其权属；未经批准、也没有书面协议，但通过安置劳力，支援物资或以土地调换等形式作了补偿的，应承认现状，并按土地使用单位控制的范围确定其权属；农民集体所有制企事业单位转为全民所有制单位或城市集体所有制单位的，其土地属于国家所有。

9.《六十条》公布时起至 1982 年 5 月《国家建设征用土地条例》公布时止，全民所有制单位、城市集体所有制单位使用的原农民集体所有的土地，在何种情况下转为国家所有？——案例（四）

一、争议当事人

申 请 人：乙村第七、八村民小组

被申请人：某农业站

二、争议的基本情况

某农机站于 1967 年建在原甲公社某大队二生产队。1974 年原甲公社党委决定：将公社农机站迁址到甲公社直管的农场大队。1974 年 8 月动工修建，1978 年 7 月竣工，共占地 4 210 平方米，其中建筑占地 1 436.72 平方米。当时，原甲公社党委决定，由于农机站属公社直属企业，所占土地将由农场大队使用的土地调拨 4 210 平方米用于农机站修建使用，由农机站用推土机给农场大队改土三亩作为补偿，同时减免所占农场大队土地的征购和农业税任务。后来，农机站给该大队改土共推平屋基四间，晒坝一个，约 3.05 亩。1982 年该农场大队分成两个组，即现在的乙村第七村民小组和第八村民小组。1989 年 2 月，乙村第七、八村民小组向农机站提出土地补偿要求，同年 3 月 29 日，原当地县国土局会同当地乡党委、政府召集乡农机站、乙村党支部、村委会负责人，乙村七、八组社员代表就农机站占用土地是否补偿问题作了专题处理，并形成“决议”。“决议”规定：“由于当时的历史条件，农机站修建占用的土地已按当时的政策减扣了该组的征购及农业税任务，并用推土机给该组改过土，从今以后的使用权和管理权属农机站。”后来，双方又发生争议，2001 年 3 月 2 日县人民政府给当地乡农业站颁发了《国有土地使用证》，申请人不服，向县人民法院提起行政诉讼，以农机站修建所占土地未作任何补偿为由，要求撤销县人民政府颁发的国有土地使用证。

三、处理意见及适用法律法规

当地县人民法院认为农机站所占土地根据当时的政策已作出了补偿，依照《中华人民共和国行政诉讼法》六十一条（一）项之规定，判决维持原《国有土地使用证》。

四、案例评析

该案的核心问题就是土地补偿费问题。根据原当地省国土局《关于印发〈确定土地权属关系若干政策的暂行规定〉的通知》第十四条“《第六十条》公布后至 1982 年 5 月《国家建设征用土地条例》颁布时止，全民所有制单位、城镇集体所有制单位使用农业集体经济组织的土地，在双方签订过协议，进行过一定补偿或安置了劳动力的情形下，其土地性质属国家所有”之规定，农机站在建修过程中，所占用的原农场大队集体土地 4 210 平方米，农机站已给乙村第七、八村民小组的前身农场大队用推土机改过土，这就是作出了相应的补偿。同时，原甲公社已减扣了农机站占用土地相应的征购和农业任务，因此，农机站使用的土地应为国家所有。

10.《六十条》公布时起至 1982 年 5 月《国家建设征用土地条例》公布时止，全民所有制单位、城市集体所有制单位使用的原农民集体所有的土地，在何种情况下转为国家所有？——案例（五）

一、争议当事人

申 请 人：甲村一社

被申请人：某工业公司

二、争议的基本情况

某乡人民政府工业公司是由原乡农机修理站及企业供销经理部逐渐衍变而来，在 1977 年当时的大集体时代，由于乡、村大量购置机械化农具（如拖拉机等），停放和维修需用场地，故在 1977 年底由乡政府出面与甲村一社、二社协商，在征得同意的情况下，将公路之间无法耕种的不规则地（相当于空地）0.99 亩（甲村一社 0.8 亩，二社 0.19 亩），作为农机修理场地，并以此建了简易房屋。1980 年由于农机修配业务差，效益不好，面临倒闭状态，而全县各乡镇此时要成立工业公司，故乡政府决定将企业供销经理部改作某乡工业公司，将修建的房屋和财产转移给工业公司管理经营，直至倒闭拍卖前。在1981年，由于市场活跃，甲村一社等村民在乡工业公司门前摆摊，直接影响到公司经营，因此双方提出异议，其中就涉及到该宗土地权属来源和用地赔偿一事。因此由乡政府出面调解，通过协商达成一致协议，于是乡企业供销经理部与甲村一社、二社三方在1981年12月15日签订《征用土地补偿协议书》，由乡企业供销经理部赔付甲村一社、二社一次性征地补偿费（一社为4 000元，二社为950元），三方均无异议，并签字盖章。同时党委、政府领导也以在场人身份在协议签字盖章，此协议由当时×法律服务所予以公证。1989年1月9日，乡工业公司向县国土局提出申请，并提交了有关权属证明材料，双方指界人均在界址调查表上签字盖章，以此确认了土地权属来源和四至界线的合法性。县国土局根据《土地登记规则》规定，在调查审核后报县人民政府批准，依法给乡工业公司颁发了国有土地使用权证。2000年7月前，由于种种原因，乡工业公司无力继续经营，处于倒闭状态，而此时的乡人民政府因涉及债务清偿问题，由县法院执行公开拍卖此宗地0.99亩，继而引起该宗土地权属争议纠纷。

申请人请求县人民政府注销被申请人某乡工业公司国有土地使用权证，恢复申请人集体土地所有权性质。

三、处理意见及适用法律法规

根据原国家土地管理局《确定土地所有权和使用权的若干规定》十六条第二款第三项的规定："进行过一定补偿或安置劳力的"和《省国土局关于处理1982年以前农村集体土地历史遗留问题的解释》第二条规定："凡是集体所有制的学校、林场等单位在1982年以前通过各种方式占用的土地只要四至界线清楚，一律不再补办批准手续"。因此认为：某乡甲村一社所提出的理由不足，证据不充分，与法律相违背，对这一主张不予支持，驳回申请。

四、案例评析

1981年12月15日乡政府对该宗土地权属争议进行过调解，

三方均无异议，并签字盖章。《协议》内容也与目前处理土地权属争议的政策相一致，那么就应当尊重当时的政府行为。处理这类案件，除了正确适用原国家土地管理局《确定土地所有权和使用权的若干规定》外，还需要尊重当时的政府行为，对同一宗地，已由人民政府进行过处理的，且《协议》内容又不与现行的调处政策相违背的，应该以原处理结果为准，不再重新调处。

11.《六十条》公布时起至 1982 年 5 月《国家建设征用土地条例》公布时止，全民所有制单位、城市集体所有制单位使用的原农民集体所有的土地，在何种情况下转为国家所有？——案例（六）

一、争议当事人

申 请 人：甲镇某村第一、二、八、九居民组

被申请人：甲镇人民政府

二、争议的基本情况

双方争议之地系原甲乡政府的办公用地，即现甲镇政府办事处用地。争议之地分为乙地、丙地、丁地。第一、二、八居民组共同与被申请人争议乙地；第八居民组与被申请人争议丙地；第二、九居民组与被申请人争议丁地。争议之地乙地的四至为：东至张某西院墙基外皮往西 12.2 米处；西至原甲乡政府西院墙基外皮；南至原甲乡政府南院墙基外皮往北 6.5 米处；北至原甲乡政府北院墙基外皮，面积约为 1.22 亩。争议之地丙地的四至为：东至张某西院墙基外皮；西至张某西院墙基外皮往西 12.2 米处；南至甲兽医站房屋前檐墙基外皮向南 2.0 米处（月台南沿）；北

至原甲乡政府北院墙基外皮，面积约为0.94亩。争议之地丁地四至为：东至甲兽医站房子西山墙基外皮向西3.3米处；西至原甲乡政府西院墙基外皮；南至原甲乡政府南院墙基外皮；北至原甲乡政府南院墙基外皮向北6.5米处，面积约为0.19亩。争议之地乙地是原甲乡政府1956年占用的，占用前系原甲大队的大队部。争议之地的丙、丁两地是1978年原甲乡政府扩建时同时占用的。其中：丙地占用前系原甲大队第一生产队（1980年划分为第一、八居民组）社员张某的宅院。丁地是原甲大队第二生产队（1980年划分为第二、九居民组）的牛圈。当时，原甲乡政府就扩建占地一事分别与第一、二两个生产队进行协商，两个生产队均同意，而且原甲乡政府对原甲大队第一生产队和搬迁户张某个人进行了经济补偿。1987年为认真贯彻落实《中共中央、国务院关于加强土地管理、制止乱占耕地的通知》[中发（1986）7号]精神，省政府及县政府印发了相关文件，当地县人民政府按规定将现争议之地（乙、丙、丁地）给甲乡人民政府核发了《国家建设用地使用证》，批准用地面积2.45亩。1988年12月原甲乡政府“并乡建镇”为甲镇人民政府，所腾出的房屋及办公用地（争议之地乙、丙、丁地）由镇政府下设的甲办事处使用，土地权属未发生转移。

申请人称：双方争议土地约2.35亩，是1956年原甲镇政府占用某村的土地，1978年甲镇政府扩建时无偿占用该村第一、二生产队的土地，现乡政府已迁出，占地应无偿退还给申请人。

被申请人称：争议之地系原甲镇政府的办公用地，属国有土地，且1978年，原甲镇政府扩建时，对甲镇某村第一、二居民组进行了补偿，1987年县政府给甲镇政府核发了《国家建设用地使用证》。1988年撤乡建镇后，争议之地权属未发生变更。争议之地属国有土地，应由甲镇人民政府使用。

三、处理意见及适用法律法规

2001年4月，申请人甲镇某村第一、二、八、九居民组与甲镇人民政府因办事处用地的所有权产生争议，经当地县人民政府土地管理部门调解无效。申请人向县人民政府提出土地确权申请，县人民政府经过调查研究，在查清该争议土地变迁的过程及土地现状的基础上，根据《中华人民共和国土地管理法》第十六条“土地所有权和使用权争议，由当事人协商解决；协商不成的，由人民政府处理。”之规定，以及原国家土地管理局《关于确定土地所有权和使用权的若干规定》第十六条“一九六二年九月《六十条》公布以前，全民所有制单位，城市集体所有制单位和集体所有制的华侨农场使用的原农民集体所有的土地（含合作化之前的个人土地），迄今没有退给农民集体的，属于国家所有。《六十条》公布起至一九八二年五月《国家建设征用土地条例》公布时止，全民所有制单位、城市集体所有制单位使用原农民集体所有的土地，有下列情形之一的，属于国家所有：

1. 签订过土地转移等有关协议的；
2. 经县级以上人民政府批准使用的；
3. 进行过一定补偿或安置劳动力的；
4. 接受农民集体馈赠的；
5. 已购买原集体所有的建筑物的；
6. 农民集体所有制企业事业单位转为全民所有制或者城市集体所有制单位的。”之规定。于2001年8月11日作出县人民政府行政处理决定书。确定该争议之地土地所有权归国家所有，由甲镇人民政府使用。

根据《中华人民共和国行政复议法》第六条有下列情形之一的，公民、法人或者其他组织可以依照本法申请行政复议，第四款：“对行政机关作出的关于确定土地、矿藏、水流、森林、山岭、草原、荒地、滩涂、海域等自然资源的所有权或者使用权的决定不服的。”之规定，当事人如不服上述处理决定，可在接到处理决定书之日起六十日内向市人民政府提起行政复议。申请人在规定时间内向当地市人民政府提起行政复议，市人民政府于

2001 年 1 月 17 日作出行政复议决定书，维持县人民政府作出的行政处理决定。争议双方没有提起行政诉讼。

四、案例评析

这是一起典型的土地所有权争议案。甲村第一、二、八、九居民组与甲镇人民政府因 2.35 亩土地发生权属争议，经调解不成，申请当地县人民政府处理。《中华人民共和国土地管理法》第十六条规定“土地所有权和使用权争议，由当事人协商解决；协商不成的，由人民政府处理”。当地县人民政府在查清事实的基础上，作出处理决定，将争议土地确定为国有土地，由甲镇人民政府使用。

这起土地权属处理决定案的主要特点是：群众对土地权属的归属问题不清楚，认为国有土地在原土地使用者使用期间属国有土地，原土地使用者迁出后，土地所有权应退还给被占地单位，土地所有权应发生变更。

当地县人民政府所作的处理决定，遵循了两条原则：一是尊重历史事实。争议之地是在 1956 年、1978 年两次占用的，第一次占用发生在 1962 年《农村人民公社工作条例修改草案》之前，第二次占用发生在 1962 年《农村人民公社工作条例修改草案》公布时至 1982 年 5 月《国家建设征用土地条例》之间；二是从实际出发。被申请人在占用土地后，一直使用至今。在 1978 年占用土地时，给予被占地单位适当的补偿。符合原国家土地管理局《确定土地所有权和使用权的若干规定》第十六条的规定。

12. 农民缴纳公粮和农业税的凭证不能作为享有土地所有权的依据

一、争议当事人

申 请 人：甲镇某村一组

被申请人：甲镇某卫生院

二、争议的基本情况

争议土地为甲镇卫生院使用的土地。甲镇卫生院自 1964 年搬到甲村，先后分五次占用土地 17.7 亩，都有征地批准文件或者用地协议和付款凭证。甲镇某村一组诉称：甲镇卫生院使用的土地面积总计 18.7 亩，其中经国家批准征用的 9.5 亩，多占 9.2 亩至今群众还交着公粮和农业税，要求确认集体土地所有权。卫生院辩称：自 1964 年建院以来，先后分五次共占用土地 17.7 亩，应确定其国有土地使用权。1994 年 11 月，县国土局在国有土地地籍调查时，通过实地丈量，卫生院用地范围比原占地还少 4.16 亩。

三、处理意见及适用法律法规

根据调查的事实和《确定土地所有权和使用权的若干规定》十六条的规定。确定甲镇卫生院占用的土地为国有土地，该院拥有国有土地使用权。处理决定下达后，在法定时效内，甲镇某村一组未申请行政复议或提起行政诉讼。

四、案例评析

本案提出了一个重要的问题，当地县甲镇某村一组诉称，卫生院多占的 9 亩多地至今还交着公粮和农业税，因此，要求确认集体土地所有权。这个理由是不成立的。因为，农业税和公粮并不是固定在每一亩具体的土地上的，而是按照当地农民的土地总数来计算的，所以，即使甲镇某村多交了公粮和农业税，但不能说明多交的就是这几亩土地的公粮和农业税，而只能说明缴纳农业税和公粮的土地亩数和具体实有亩数不一致，村民集体未能及时有效的核减应纳税的土地亩数。在本案中，由于卫生院占地签订过合法有效的协议，并且支付了补偿，所以，根据《确定土地所有权和使用权的若干规定》第十六条，所有权已经变为国家所有，即使农民还在按照原来的土地面积缴纳农业税，也不能改变土地所有权成为国有的事实。

13. 权属纠纷引发的土地补偿问题——《确定土地所有权和使用权的若干规定》第十六条中“按当时规定”的理解

一、争议当事人

申 请 人：甲乡供销社某商店

被申请人：甲乡乙村二组

二、争议的基本情况

1968—1972年间，原某公社相继占用大队第六生产队（乙村二组）土地22.705 6亩，建拖拉机站、农具厂、茧站和供销社某商店。其中，供销社某商店占用土地2.531亩。上述占地均未付土地补偿费，也没办理有关征、占土地手续。只付给当时耕种人段某40元、华某20元包产款。

2001年，甲乡乙村二组村民曲某等人联名上访，反映甲乡占用上述土地未付给土地补偿费。2001年11月9日，当地县人民政府做出了《关于同意县土地局解决甲乡化工厂等企业占地遗留问题的批复》，批复确定：“甲乡供销社某商店占地2.531亩，土地补偿费616.55元由该乡供销社承担，该幅土地属国有，使用权属乡供销社”。甲乡供销社接到批复后，即付给甲乡乙村二组土地补偿费616.55元，但村组均未接受。2002年，由于修公路该乡供销社某商店部分土地被占用，原营业房拆除。2003年，甲乡供销社某商店拟在剩余土地上建新的营业房，乙村二组以土地为集体所有为由，与该乡供销社引起争议，阻碍供销社施工。

三、处理意见及适用法律法规

根据原“国家土地管理局关于印发《确定土地所有权和使用权的若干规定》的通知”第二章第十六条规定：“《六十条》公布

时至1982年5月《国家建设征用土地条例》公布时止，全民所有制单位、城市集体所有制单位使用的原农民集体所有的土地，有下列情形之一的，属于国家所有：略。”凡属上述情况以外未办理征地手续使用的农民集体土地，由县级以上地方人民政府根据具体情况，按当时规定补办征地手续，或退还农民集体。鉴于甲乡供销社某商店已使用该宗土地30余年，确定按当时规定补交土地补偿费，并办理相关手续，土地所有权归国有，使用权归甲乡供销社所有。

四、案例评析

本案的当事人乙村二组并没有主张对土地的所有权，而只是要求给予补偿。而要求补偿，恰恰是证明了自己承认土地所有权发生了变动，即承认土地已经变为国家所有。所以，严格说来，本案并不是权属纠纷问题，而只是补偿数额的问题。《确定土地所有权和使用权的若干规定》第十六条第四款规定，“按当时规定”补办手续，包括给予补偿。但是，在补偿的计算上，片面的按照当时的价格计算是不当的。必须考虑到物价上涨的因素，考虑到货币的购买力问题，妥善确定补偿的数额。并且，要把这么多年来的利息计算在内，这样对当事人才是公平的。

14. 1986年以后，租用集体土地未办理审批征用手续的如果已建成永久性建筑物的，则补办征用手续，所有权归国家所有

一、争议当事人

申 请 人：甲村

被申请人：某针织有限责任公司（原为某针织总厂）

二、争议的基本情况

某针织总厂前身是市第一针织厂，该厂于1976年建厂，于1979年10月4日征用甲村三队耕地3.7亩作为扩建厂房用地。1986年6月争议双方通过协商达成协议，原市第一针织厂租用申请人4.2亩土地用于建煤棚子及两栋大库。租用日期从1986年1月1日开始，租金为每亩每年400元。1996年原市某针织总厂宣布破产，申请人找到原市某针织总厂留守负责人催要租金及归还土地，原市某针织总厂留守负责人矢口否认该事。由此申请人提出确权申请，要求归还土地。

经调查查明：1993年根据规定，关闭市第一针织厂；同年11月15日依据该文件，成立市针织总厂。1996年经市中级人民法院裁定宣布市针织总厂依法破产。根据相关文件成立某针织有限责任公司，同年依据转该厂部分资产的通知，将1 769.26平方米土地划给某木制器材公司。2000年与甲村发生用地争议，争议地域为该厂北侧“煤棚”、西侧库房及二车间北（位于3.7亩土地内）的土地所有权。其中：

（1）该厂“煤棚”占地528平方米，其中有批件的面积为267.75平方米，余下的260.25平方米土地没有办理征用审批手续。

（2）西侧“库房”用地经当地省革委会批准使用土地651平方米，用作该厂的食堂，托儿所及倒班休息处。当时建的食堂、托儿所及倒班休息处的建筑已经拆掉，其位置是现在某公司的集资楼。从现场看没有明确的参照物，当时征地的具体位置与现状存在较大的差距。但可以确定的是，现“库房”用地及某公司的集资楼建筑占地合计为2 089平方米。因而可推定有1 438平方米土地没有办理土地审批手续。

（3）二车间北的土地现状与当时征地用途基本相符，可以确定有合法的权属来源手续，不存在土地权属争议。

三、处理意见及适用法律法规

根据《中华人民共和国土地管理法》第十六条第二款，1995

年3月11日原国家土地管理局发布的《确定土地所有权和使用权的若干规定》第十七条、第二十六条的规定，对甲村民委员会与原市针织厂的土地权属争议，提出行政处理意见如下：

(1) 北侧“煤棚”用地。对于未办理征地审批手续的260.25平方米菜地，由用地单位原市某针织总厂（现某针织有限责任公司）按租用时（1986年）的规定补办手续，土地归国家所有，使用权归原市某针织总厂（现某针织有限责任公司）所有。

(2) 西侧“库房”用地。对于未办理征用手续的1 438平方米荒地由用地单位（原市某针织总厂）按租用（1986）时规定补办手续，土地归国家所有，使用权确定给原某针织总厂（现市某木制器材公司）。

(3) 该厂二车间北的土地。该处土地的所有权归国家所有，使用权归原市某针织总厂，即现某针织有限责任公司。

四、案例评析

本案主要涉及到《确定土地所有权和使用权的若干规定》第十七条的理解适用。根据第十七条的规定，“一九八六年三月中共中央、国务院《关于加强土地管理、制止乱占耕地的通知》发布之前，全民所有制单位、城市集体所有制单位租用农民集体所有的土地，按照有关规定处理后，能够恢复耕种的，退还农民集体耕种，所有权仍属于农民集体；已建成永久性建筑物的，由用地单位按租用时的规定，补办手续，土地归国家所有。凡已经按照有关规定处理了的，可按处理决定确定所有权和使用权。”但在本案中，协议达成的时间是1986年6月，尽管租期的起算是从1986年1月开始的，但租期只不过涉及到租金问题，对协议效力的判断不能以租期为标准，而只能以协议达成的时间为标准，所以本案事实是在通知发布之后发生的。根据第十七条的规定，1986年3月《关于加强土地管理、制止乱占耕地的通知》之前或者之后在处理效果上有什么区别吗？从第十七条的正面解释，我们可以看出，租用农民的土地是否返还，关键在于能否返还，如果能够返还，就予以返还；如果不能返还，就补办征用手续。而判断能否返还的标准就是土地上是否具有永久性建筑物。那么即使租用在 1986 年 3 月之后，处理结果也不会不同，如果要求拆除永久性建筑物返还土地，会对社会经济造成极大的损失，安置起来也有很大的难度。在国外，如果是平等的民事主体之间的租用关系，当承租人违反合同约定，擅自建设永久性建筑物时，出租人即可以依法要求解除租赁合同，收回土地。但是，我国的情况与国外不同，国有企事业单位的用地往往都是通过国家征用的，国有单位背后往往是国家。所以，国有企业单位和集体之间在土地权利义务关系方面是不平等的。一般来说，只要国有企业单位需要，国家都会对土地进行征用。

此外，由于我国一直不承认集体土地使用权的流转，对已经建设了房屋的集体土地，无法通过设定对集体土地的使用权来维护房屋所有权人的利益，这导致了在解决集体土地所有人和房屋所有人之间的利益冲突时，我国所能选择的出路只有两条，要么对集体土地进行征收，把集体土地所有权变为国家土地所有权，然后国有土地使用权进入流转；另一种方式就是不予征收，将土地返还给集体组织，房屋所有人将房屋拆除。二者权其轻重，合理的选择就只有国家征收一条路可走。另外，我国法律禁止农村集体土地使用权的流转，实际上只是赋予了农村集体以土地的使用权和有限的价值权即国家征收时的补偿权利，如果农村集体将自己的土地出租给他人，也就意味着它没有适用的必要，那么通过征收实现其有限的价值权就是合理的选择。

因此，考虑到中国的特定历史情况，《土地管理法》颁布之前，对租用集体土地的，如果因建有房屋等永久建筑不能返还的，原则上按照租用当时的规定，补办征用手续。所有权转为国家，现使用单位享有国有土地使用权。即使时间上并不符合《确定土地所有权和使用权的若干规定》的第十七条，也应按照第十七条规定的精神来处理；其次，本条针对的是耕地，而非建设用地。对此，案情中语焉不详。但根据举重明轻的原则，对严加保护的耕地，如果已经建成了永久性建筑物，尚且可以不予返还，对建设用地当然更可以如此适用。

15. 土地权属证明材料上实地面积与批准面积不一致的，按实地面积确定土地的所有权或使用权

一、争议当事人

申 请 人：甲村

被申请人：某体育器材厂

二、争议的基本情况

申请人甲村民委员会于1976年5月与被申请人（某体育器材厂）签订了以6 350平方米土地换取松木100立方米，杂木50立方米，焦炭50吨，生铁50吨的协议书，并注明了四至，之后，被申请人在该土地上建筑了厂房、收发室、配电室等。1988年4月12日市人民政府为其核发了房屋所有权证。1989年10月31日，市人民政府根据被申请人的申请，为其登记、核发了《国有土地使用证》，面积为3 910平方米，并在土地登记档案中的宗地图上标明了三栋房屋的坐落位置及面积。1994年7月市土地管理局（现为市国土资源局）在为被申请人办理换证，进行土地登记时，对该宗地按原土地登记的宗地图标绘的四至界限，进行了重新测绘和相邻指界，发现1989年10月被申请人核发的土地证上标明的用途及周边地界十分明确，但在该地籍图标比例尺时本应按1：1 000却误标1：500，面积相差4倍，少算了11 830.5平方米，该地的实际面积为15 740.5平方米。2001年2

月，申请人对此发证提出异议，向市土地管理局提出撤销该局为被申请人颁发的 15 740.5 平方米国有土地使用证，并请求退回市体育器材厂“多占”的土地。

三、处理意见及适用法律法规

参照《确定土地所有权和使用权的若干规定》第五十六条：“土地所有权或使用权证明文件上的四至界线与实地一致，但实地面积与批准面积不一致，按实地四至界线计算土地面积，确定土地的所有权或使用权”的规定。经市政府研究认为：该宗地四址、界线清楚、无误，不存在权属界线争议和“多占”土地；前后两次面积量算不一致是技术问题，本着“有错必纠”原则予以纠正，与申请人并无利害关系。决定重申 1999 年 5 月市人民政府为市体育器材厂核发的《国有土地使用证》有效。

四、案例评析

确定土地权属的基本要求是：有取得权属的合法文件或有效证明、四至清楚、权属界线没有争议；权属界线确认以后，才能按界线量算面积，所以面积不是确定土地权属的主要依据。因此，《确定土地所有权和使用权的若干规定》第五十六条明确“土地所有权或使用权证明文件上的四至界线与实地一致，但实地面积与批准面积不一致，按实地四至界线计算土地面积，确定土地的所有权或使用权。”

本案不是按照正式手续办理土地征用，而是由当事人双方协议用物资与土地交换取得的，但确定权属的基本原则是类同的。双方当事人自行协议的宗地范围、四至界线清楚，换物的种类、数量也不存在异议，1976 年 5 月到 2001 年 2 月的近 25 年间从未发生争议。1988 年和 1994 年市有关部门两次量算宗地的四至、界线与双方当事人以地换物的土地四至、界线均保持一致，纠正面积量算错误属技术问题，未改变申请人与被申请人之间以地换物的事实。申请人借土地行政管理部门纠正过去面积计算错误，而申请要回 25 年前自愿交换出去的土地，是没有法律依据的，是出于对确定土地权属规定的一种误解。

当地市政府根据原国家土地管理局《确定土地所有权和使用权的若干规定》第五十六条规定，决定重申原来按照纠正后的实际面积，依法登记、颁发的土地使用证有效。决定符合“土地所有权或使用权证明文件上的四至界线与实地一致，………按实地四至界线计算土地面积，确定土地的所有权或使用权”的精神。

16. “少征多用”在土地确权实践中的错误理解

一、争议当事人

申 请 人：甲村及甲村18个村民小组

被申请人：某水产养殖试验场

二、争议的基本情况

1979年1月，原市机械化养殖场经申请、批准征用集体土地54亩，1987年8月根据《关于市机械化养殖场并入某水产养殖试验场的批复》，该宗土地转给被申请人使用；1986年10月，原自治区土地管理局《关于市某水产养殖场征用土地的批复》，又批准征用甲村等18个村民小组集体土地866亩，两次征地面积共计920亩，经测量，因湖水冲刷等原因，被申请人实际使用土地面积1 285.707亩，超出征地面积365.707亩。

申请人主张将这365.707亩土地归自己所有。依据是：批准征地面积少，实际使用多，属少征多用。被申请人主张按实际使用面积登记、发证。依据是：合法征地手续完备，实际使用界线清楚，与征地界址图及说明一致，长期使用，从未扩占，也没有出现纠纷。

三、处理意见及适用法律法规

依据《确定土地所有权和使用权的若干规定》第五十六条：

“土地所有权或使用权证明文件上的四至界线与实地一致，但实地面积与批准面积不一致，按实地四至界线计算土地面积，确定土地的所有权或使用权”的规定，市政府依法认定：1 199.380亩土地确定为国家所有，使用权确定给该水产养殖试验场。

对此处理意见，申请人不服。考虑实际情况，市人民政府研究决定将超出征用面积的365.707亩土地，参照1986年征地时征用轮歇地及非耕地的补偿标准（850元/亩），支付扶持费31万元给申请人。对此，双方当事人均无异议。

四、案例评析

在此案中，申请人提出的一个重要理由就是某水产养殖场“少征多用”。“少征多用”是指用地单位使用的土地范围超出了征地的界线。面积是根据确定的四至界线量算的，采用的量算技术、手段不同，量算的精度都不一样，尤其是历史遗留的土地纠纷，由于当时的认识和技术条件的局限，量算精度都比较低，有的甚至是指界圈地，根本不用测量和面积量算。所以，若因土地面积有误差，作为土地争议的理由，土地纠纷就会大量、普遍发生，搞不好就会引发社会动乱，因而是绝对不可取的。因此，申请人的主张缺少法律依据，理由不能成立；地方政府根据实际情况，以扶持为由适当给予补助也是可以的；但是扶持款没有必要与“超出征地的面积”和“1986年征地……补偿标准”联系，容易误解为是“少征多用”补办手续，而不是扶持，从而改变问题的性质。

17. 土地权属争议双方均无法提供有效证据时按照使用现状确定土地权利

一、争议当事人

申 请 人：甲村

被申请人：某国营农场

二、争议的基本情况

双方争议土地位于甲镇西北部与乙镇交界处公路以南，总面积5 042.72亩。2001年12月，某国营农场根据省农垦总局下达的生产任务，在其七分场公路旁进行机耕时，甲村认为该地由于历史权属纠纷未得到有效调处，应保护土地利用现状要求停止耕作，从而引发土地权属争议。

甲村主张争议地属于该村民小组集体所有。甲村称：纠纷地历史上是该村的村址、祖居地，“四固定”的耕作地，一直是该村的用地。1957年，政府在天水分流处建设的该公路为双方的分界线。前后该村在争议地上营造防风林网，种植橡胶、桉树及其他农作物，至今还有3 000余亩该村的橡胶、林木。1976年11月县革委会虽下达了《关于某国营农场与甲村各生产队坡地纠纷处理意见》，但未送达该村，因此不是生效的文件。此后土地权属仍有争议。1984年，县政府在处理因甲村在纠纷地上发包1 000亩引发的纠纷时，组织各方达成口头协议：“保持现状，等候处理”。1988年6月，省中院在二审裁决因该农场在争议地上种植橡胶42亩所引发的纠纷时，裁定土地权属由县人民政府处理。而县政府至今未处理权属争议，纠纷地仍维持现状。2002年3月18日，当地县人民政府处理农村土地纠纷确定土地权属领导小组办公室下发《关于国营农场与甲村土地权属界线有关问题的答复》，但该文不属于县政府下达的处理决定。

农场主张争议地属于国家所有，土地使用权属于农场。农场称：争议地是1966年其并场队（现七分场）原本大队带入的传统习惯用地，并按其习惯界线列入统一规划（该规划界线未经政府批准）。1976年县革委会在调查调解未成的情况下下达了文件，划清了双方的土地权属界线，国营农场严格执行该文件并重新调整规划。2003年3月，农场在取得县确权办相关文件后进行耕作。

经查：1976年11月县革委会下达的文件，在处理甲村与农场所在大队土地纠纷部分，只有东、南、北三条界线，而没有西界，对争议范围未进行完整的界定，留下了隐患，是一份发生法律效力但又不完整的处理决定。1984 年，县政府要求双方“保持现状，等候处理”；1988 年 6 月，省中院二审裁定土地权属由县人民政府处理；2002 年 3 月 18 日，县确权办 10 号函是一份函复，不是县政府下达的处理决定。因此，县政府至今未依法处理。甲村除部分争议地上的橡胶、桉树及农作物外，未能提供其他合法有效之权属证据。该国营农场虽提供按并场队使用界线及按文件所划定的界线所作的规划图，但规划图未经依法批准，不能作为确定土地权属的依据。按照 2001 年 11 月的土地利用现状经实地调查：甲村使用争议地 2 797.92 亩，国营农场使用争议地 2 053.03 亩，公共墓地（作为国有后备土地）191.77 亩。

三、处理意见及适用法律法规

以 2001 年 11 月的土地利用现状为基准，签订《土地权属协议书》，明确谁使用的土地就确权给谁，县政府对双方签订的协议书进行确认。

适用的法律法规主要有：《中华人民共和国土地管理法》第十六条第一款、《省确定土地权属若干规定》第三条：“确定土地权属必须遵守国家和本省的有关法律、法规，尊重历史，实事求是，有利于社会稳定和经济发展”。《土地权属争议调查处理方法》（国土资源部令第 17 号）第三条、第四条。

在省国土环境资源厅、县政府的鉴证下，甲村与某国营农场于 2003 年 9 月签订了《土地权属协议书》，明确了双方的土地权属界线，规定甲村使用的 2 797.92 亩土地属甲村民小组集体所有，农场使用的 2 053.03 亩土地所有权属于国家，使用权属于国营农场。

四、案例评析

由于我国长时间以来土地权利立法处于空白状态，土地流转混乱，许多土地纠纷积累了很多年，而且由于土地登记制度一直没有建立起来，主张土地权利的证据多有遗失，在事过多年之后，争议双方当事人谁也无法举出有效证据来证明自己的权利，此时，原则上应该按照双方的使用现状确定土地权利的归属，达到维护现状的目的。

（1）维护现状就是对现存秩序的维护。任何对土地的占有使用，都在某种程度上形成了对土地的依赖，一旦种上庄稼、树木，建筑了房屋，再改变当事人的土地利用现状，就会造成巨大的经济损失，也将打破人们的稳定生活。所以，在双方均没有证据证明权属时，尽可能的维护使用现状，按照使用现状确定土地权利归属，有利于稳定社会秩序，减少生活动荡和经济损失。

（2）在法理上，占有往往就是权利的外衣，使用土地的现实往往意味着使用土地的权利，权利往往就是对事实的确认，所以，土地权利往往要推定为使用者所有，除非另一方有足够的证据推翻这种推定。在另一方无法有效地推翻这种推定时，就应把权利确定给现使用人，从而达到维护现存秩序的目的。

（3）在本案中，甲村除部分争议地上的橡胶、桉树及农作物外，未能提供其他合法有效之权属证据。国营农场虽提供按并场队使用界线及按县革委会所划定的界线所作的规划图，但规划图未经依法批准，不能作为确定土地权属的依据。任何一方都没有足够的证据推翻对现有使用者权利的推定。所以，按照现状确定土地权利归属是正确的。

（4）在处理本案时，容易被《确定土地所有权和使用权的若干规定》第十八条“土地所有权有争议，不能依法证明争议土地属于农民集体所有的，属于国家所有”误导，这里的“不能依法证明争议土地属于农民集体所有的”是一个“充分必要条件”，是“完全、彻底”的概念。本案中农民集体能够提供有效但不完整的证据证明该争议地归集体所有，属于“必要”但非“充分”

条件，因此第十八条不适用于本案。建议在今后修订的确权规定中明确“土地权属争议双方均无法提供有效证据时按照使用现状确定土地权利”的条款。

18. 1982年国家建设征用土地条例公布生效以后，占用土地仅有协议，而未办理手续的，经依法处理后，可以取得土地使用权

一、争议当事人

申 请 人：甲镇某农机站

被申请人：甲镇某村二社

二、争议的基本情况

1999年12月7日，甲镇某农机站要求确认甲镇某村二社用于农机修理加工的厂房用地为国有土地，农机站享有土地使用权。农机站认为，1980年，根据区公社党委、管委会指示和农业生产发展需要，经甲镇某村二社干部、社员同意，农机站占用该社1亩土地修建农机修理加工厂房，并明确了用地四至界线，按规定一次性付清了五年的年均常产折价土地补偿费976.5元。农机站现持有双方于1982年6月30日签订的《关于修建农机站占用一大队二队土地协议书》为据。

某村二社则认为，农机站于1979年占地修建的农机修理加工房用地，占1.2亩，只凭1982年6月30日签订的一个协议，于1983年元月付清了青苗款，而无政府的批复，违反了1982年国家关于征用土地条例下达后，未按条例规定办理征用土地手续的要依法补办手续，才能具有合法的土地使用权的规定，要求确认该土地所有权为某村二社集体所有。

三、处理意见及适用法律法规

当地县国土资源局于2000年元月14日分别向争议双方送达了《土地权属争议案件受理通知书》，派出专人组成调查组，并于同年5月，依据调查情况及现场对占地进行测绘成图，认定该宗土地面积为603平方米。根据《确定土地所有权和使用权的若干规定》第十六条第二款的规定："1982年5月《国家建设征用土地条例》公布时起至1987年《土地管理法》开始施行时止，全民所有制单位、城市集体所有制单位违反规定使用农民集体土地，依照有关规定进行了调查处理后仍由全民所有制单位、城市集体所有制单位使用的，确定为国家所有，凡属上述情况以外未办理征用土地手续使用的农民集体土地，由县级以上地方人民政府根据具体情况，按当时规定补办征地手续或退还农民集体。"和1982年《国家建设征用土地条例》第九条"征用土地应当由用地单位支付补偿费。各项补偿费标准：（一）土地补偿费、征用耕地（包括菜地）的补偿标准为该耕地年产值的三至六倍，年产值由被征用前三年的平均年产量和国家规定的价格计算。……征用无收益的土地一律不予补偿。（二）青苗补偿费和被征用土地的房屋、水井、树木等附着物补偿标准，由省、自治区、直辖市人民政府制定，但是在开始协商征地方案后抢种的作物、树木和抢建设施一律不予补偿"。第十条"为了妥善安排被征地单位的生产和群众生活，用地单位除付给补偿费外，还应当付给安置补助，安置补助费的标准：（一）征用耕地（包括菜地）的，每一个农业人口的安置补助费标准，为该耕地每亩年产值的2～3倍，需要安置的农业人口数按被征地单位征地前农业人口和耕地面积的比例及征地数量计算。年产值按被征用前三年的平均产量和国家规定的价格计算，但是，每亩耕地的安置补助费最高不得超过其年产值的十倍"的规定，县国土局提出以下处理意见：

（1）甲镇农机站现使用的土地603平方米（包括公共过道）已建成永久性建筑，无法退耕，可按当时协议和征地补偿规定补办征地手续，其土地所有权为国家所有。

(2) 1982年甲镇农机站与某村二社签订的“协议书”只付给了某村二社土地补偿费和青苗附着物补偿费。而按当时的有关规定，农机站还应按年产值的10倍（最高）付给某村二社安置补助费，双方按规定完善安置补助费补偿。

经报当地县人民政府审核批准，由县人民政府作出了《关于甲镇农机站与二社土地权属纠纷的处理决定》，送达双方当事人，双方当事人均未申请复议或起诉。

四、案例评析

本案中某村二社，对系争土地主张权利的一个重要理由就是，农机站于1979年占地修建的农机修理加工房占地1.2亩，只凭1982年6月30日签订的一个协议，于1983年元月付清了青苗款，而无政府的批复，违反了1982年关于《国家建设征用土地条例》下达后，未按条例规定办理征用土地手续的要依法补办手续，才能具有合法的土地使用权的规定，这就提出了一个问题：1982年国家建设征用土地条例公布生效以后，未办理征地手续，仅仅有当事人之间的协议，是否可以取得土地权利。笔者认为是可以的，本案的处理也正是贯彻了这一原则。具体理由如下：

从征收（征用）的性质上来看，征收是国家对集体土地所有权的强制购买，其购买是不以当事人的意志为转移的，补偿也是根据法律的规定，不允许当事人之间任意突破法律规定补偿的范围。而协议恰恰是当事人之间意思表示一致的结果，是否出卖，价金多少，都由当事人自由协商。所以，如果当事人自己达成了协议，用地单位从集体手里取得了土地所有权，那就没有必要通过国家征收来进行。但是，我国的土地管理从确保农用地的目的出发，为了避免用地单位和农村集体通过私下里签协议，来买卖土地，导致农田流失，所以，1982年的《国家建设征用土地条例》第二条明确规定，禁止任何单位直接向农村社队购地、租地或变相购地、租地。农村社队不得以土地入股的形式参与任何企业事业的经营。这实际上不但否定了农民买卖、租赁土地的意志自由，而且剥夺了农民利用土地参与经营、投资、充分实现土地价值的重要途径，不但对农民利益是不利的，而且也不符合农村经济发展的现状。现实中要求乡镇企业，事业单位统统履行征地手续也是不现实的。所以，1986 年《土地管理法》第四十三条就做了变通："任何单位和个人进行建设，需要使用土地的，必须依法申请使用国有土地；但是，兴办乡镇企业和村民建设住宅经依法批准使用本集体经济组织农民集体所有的土地的，或者乡（镇）村公共设施和公益事业建设经依法批准使用农民集体所有的土地的除外。"而本案中的农机站就属于乡镇企业。由此可以看出，严格按照《国家建设征用土地条例》的形式规定，而忽略其精神，以至于和《土地管理法》相冲突，这是不合理的。所以，到了 1995 年，确权规定就以土地管理法为基础，做了相应修改。1982 年 5 月《国家建设征用土地条例》公布时起至 1987 年《土地管理法》开始施行时止，全民所有制单位、城市集体所有制单位违反规定使用农民集体土地，依照有关规定进行了调查处理后仍由全民所有制单位、城市集体所有制单位使用的，确定为国家所有。凡属上述情况以外未办理征用土地手续使用的农民集体土地，由县级以上地方人民政府根据具体情况，按当时规定补办征地手续或退还农民集体。这样，就把征地手续变成了国家对原有协议的效力进行审查和承认的方式。只要不违反法律的规定，当事人间的协议就是有效的，应该承认双方间土地权利变动的效力。从另一方面讲，由于城市集体经济组织，全民所有制企事业单位或其他组织购买集体土地的，牵涉到土地所有权的变更，为了禁止土地变相买卖所有权，必须先把土地所有权转为国家所有，然后，买方才能再从国家那里取得国有土地使用权。而为了做到这一点，也必须办理征地手续。所以，征地手续是从集体土地所有权向国家土地所有权转变的必经环节。

总之，为了强化农村土地管理，减少农村集体土地流失，杜绝变相买卖土地所有权，征地手续是非常重要的，但是，这些都是对当事人意志的限制，而不是对当事人意志的否定。对经审查合法的协议，应该承认当事人之间土地权利变动的效力。

19. 集体土地入股分红的口头协议不能支持土地所有权归集体

一、争议当事人

申 请 人：某供销社

被申请人：甲镇某村二组

二、争议的基本情况

争议地位于甲镇西门新修的×路旁，东与进罗某家通道为界；南与罗某、白某两家宅地基交界，以坎为界；西与通道交界；北与新修的×路为界。争议的土地原为某供销社仓库和食盐仓库用地。

此争议地 1956 年以前属刘某、曾某、王某等三家老祖业宅基用地和×坝空坪地，当时的西门是一条街，两边建有房屋，×坝空坪地就是当时的市场米行。50 年代初级农业社时，刘某家划入第三农业社；王某、曾某两家均未划入农业社，户口统计为城镇居民，吃国家供应的商品粮。

1956 年甲镇西门发生火灾，大片房屋被烧毁。灾后，曾某家在火烧地上恢复建房居住至 1962 年，后因参加工作，全家搬到县城航运公司居住，此房后被农业社拆做牛栏，当时曾家对此事没有任何主张；刘某家则在该地上复垦种菜至供销社征收时止；王某家也在该地上复垦种菜至 1962 年，后被第三农业社耕种；×坝空坪地也由第三农业社耕种。

为了扩大再生产，某供销社约于1969—1972年间使用争议地建食盐和茬干仓库。刘某原火烧宅基地是通过征收的，并支付给刘某120元青苗补偿费。至于供销社当时怎样从大队二生产队手上接过来使用原王某、曾某两家原宅基地和×坝空坪地的，因时间久了，已有30多年，当时经办知情人已去世，加上某供销社上级主管部门几次变迁，当时的档案未保管至今，现无法找出当年的用地档案和有关会计票据，从而无法查明。但争议地从1972年直至2000年11月拆屋改建前一直是某供销社管理使用，供销社打有围墙，界址清楚，在这期间，双方从未发生过任何权属争议，且供销社于1988年8月8日领有县人民政府颁发的《房屋所有权证》。2001年7月某供销社将仓库两栋拆除准备建房时，甲镇某村二组罗某等村民以该地基属于该村二组所有为由阻挠施工，并要求供销社进行土地补偿，从而引起土地权属纠纷。

纠纷发生后，甲镇政府多次调解无效后，县国土资源局于2002年3月18日召集双方在当地政府调解并达成口头协议：甲镇某村二组要求供销社把进入罗某家的路修好并保持一定间距，承诺不再阻挠施工。2002年3月22日，供销社放线施工时，罗某等人反悔阻止施工，致使调解失败。

三、处理意见及适用法律法规

据此，县人民政府认为：某供销社茬干仓库和食盐仓库用地，其中原属于王某、曾某两宅基地因1950年土地改革时仍然是他们两家管理使用，他们两家当时户口统计属于城镇居民，而不划入农业社；×坝空坪地是当时的米行市场用地，也就是说，当时没有将这些土地所有权分配给农民。依照原国家土地管理局《关于确定土地所有权和使用权若干规定》第四条之规定，上述土地应属于国家所有。而刘某家土改时入社，加入第三农业社，刘某家的统计户口属于农民，故此土地所有权在供销社征收使用前应属于集体所有，但此土地后被供销社征收。现已查明，当时供销社补偿给刘某青苗费120元整，依照原国家土地管理局《关于确定土地所有权和使用权若干规定》第十六条第二款之规定，此土地应转属于国家所有。甲镇某村二组土地的补偿理由不能成立，土地补偿要求依法不予支持。

根据《中华人民共和国土地管理法》第十六条、原国家土地管理局《确定土地所有权和使用权的若干规定》第四条、第十六条第二款、第二十九条之规定和某供销社领取的房产证决定：

（1）双方争议的某供销社若干仓库和食盐仓库用地土地所有权属于国家所有。

（2）争议地的土地使用权属于某供销社。

20. 国有土地与集体土地进行过调整的，按调整后的使用现状确定权属

一、争议当事人

申 请 人：某铁路分局

被申请人：甲村

二、争议的基本情况

某铁路分局与甲村土地权属争议发生在×铁路线框架立交桥北侧，×公路西侧。该争议地段地貌已发生改变，该公路已进行过扩、改建，在改建过程中此段公路在原公路的基础上向东移位。原公路路貌已不存在，进行掘勘取证，挖出了旧路的路基。当时负责公路改、扩建单位为市城建局，城建局出具证明，在公路扩建时，用旧公路与甲村调换过土地。1998年某铁路分局向当地市土地管理部门提出了解决土地权属争议申请，认为该宗地是他们在解放初期接收日伪土地房产，并一直使用，要求将该宗

地确权给铁路分局。甲村认为铁路分局所占争议地段为甲村部分土地，要求铁路分局退还这部分土地。

三、处理意见及适用法律法规

现根据调查事实及双方提供的土地权源资料，按照《确定土地所有权和使用权的若干规定》第二十条及有关确权规定，做如下调解：

依据市城建局出具的证明，旧公路属当时调换土地，对位于该铁路线框架立交桥北侧，旧公路以西地段，土地所有权应确权给甲村。

争议双方在上述调解的基础上达成了一致意见，并签订协议，双方依据上述调解协议依法办理相关手续。

四、案例评析

该类型土地权属争议的特点是因为长期以来，我国土地权属的变动十分频繁，国家对土地权属的管理十分薄弱，加上土地权利人对土地权源资料保存不全，造成了国有土地与集体土地之间界线不明确，导致土地权属发生争议。调处此类土地权属争议，土地管理部门应根据有关法律、法规，在搞清楚土地权属的来龙去脉和变化情况后，本着从实际出发，尊重历史、面对现实、实事求是的原则进行调处。

21. 双方都有证，权属应归谁

一、争议当事人

申 请 人：某国营林场

被申请人：甲村、乙村两个经济合作社

二、争议的基本情况

1997年12月某国营林场在争议岭某地砍伐松杉树林准备改

种果树时，某镇六村管理区甲村、乙村两个经济合作社（以下简称两社）的群众上山阻止，引起纠纷。经双方协商无法解决，1998 年 3 月国营林场向市人民政府申请确权，要求维护该场的合法权益。

争议岭共有五个岭，面积 1 010 亩，位于两镇交界处，解放前至 1957 年属荒山岭。1958 年 2 月，林场成立，后改名为国营林场，经省林业厅勘测设计队测绘编制了《县林场建场任务书》，1962 年 12 月某林业实习队设计编制了《县国营林场规划设计任务书》，此设计任务书报省林业厅于 1964 年 3 月批复《国营林场设计任务书》；1963 年 8 月县森林工业局和县计划委员会批准《国营采脂林场规划设计任务书》。争议岭均在以上设计任务书范围内。1962 年“四固定”时，县人民政府给两社核发了争议岭的《土地房产所有证》，证上的四至，与现争议岭的四至相符。1982 年林业“三定”时，县人民政府给该林场核发了现争议的《山林权证》。

国营林场，从 1958 年起就开始使用争议岭，并在争议岭与当地群众的山岭铲有明显的分界线，又作防火线，并坚持每年重新铲一次。先后在争议岭上种植了松木、杉木和桉木。1982 年间，国营林场与六村管理区签订了协议，将争议岭内属于六村管理区的几小块林地对换给国营林场，明确了属于林场争议岭的四至；1994 年 10 月，林场与六村管理区再次签订了《协议书》，进一步明确了争议地的四至范围。1958 年至 1997 年 12 月争议时止，林场曾多次收获争议岭的树木，没有争议。

1998 年 5 月，市人民政府依法作了《处理决定书》，将争议岭的所有权确定为国有，使用权属国营林场。在法定时间内，争议的各方既无向上级政府申请复议，也没有向人民法院起诉。

三、处理意见及适用法律法规

此案涉及一山多证，集体与国营单位争议如何确权问题。

两社在人民公社化时是一个生产队，1962 年体制下放时，分成现在两个经济合作社（生产队），进行经营土地，山岭没有分开，还是两社共有，当时向当地县人民政府申领了《生产队土地房产所有证》。1997年，因为六村管理区经济联社把二级林场的山地承包给某庄园，与各村经济合作社对承包金分配的问题发生纠纷，经查市档案局，查出各经济合作社“四固定”时期确定各社的山岭名称面积和四至范围，弄清六村管区二级场的山岭来自各经济合作社的明细情况，其中查出两社于1962年“四固定”时对争议地五个岭的四至相符，面积共23亩。但两社群众自1958—1997年发生争议时止，从来没有使用过争议岭，而县人民政府1962年已确权给两社所有。可是国营林场于1958年就开始使用了争议岭，到1960年底，林场已把五个争议岭全部种上了树木，并在边界上铲上一条几米宽的界线，每年铲新一次。40多年来，林场在界线范围内从1958年起至争议时，一直经营使用收益，从来没有间断过，也没有发生过争议。

该林场1958年由省林业厅勘测设计队设计，1960年由某林业实习队再次设计，两次设计的四至范围和面积及附图是一致的，省林业厅于1964年3月9日批复《国营林场设计任务书》。1963年8月份，经县森林工业局和县计划委员会批准了《国营采脂林场规划设计任务书》。1982年林业“三定”中，国营林场申请，经县人民政府核发了五个岭的《山林权证》，争议地五个岭，均在该场的设计任务书和山林权证内。

根据原国家土地管理局《确定土地所有权和使用权的若干规定》第二章第十六条规定“一九六二年九月《六十条》颁布以前，全民所有制单位，城市集体所有制单位，和集体所有制单位的华侨农场使用的原农民集体所有的土地（含合作化前的个人土地），迄今没有退给农民集体的，属于国家所有……”根据这一规定，对照国营林场使用争议地的事实，林场是从1958—1962年间已把争议的五个岭全部种上了树，并一直经营收益至1997年12月争议时，依法确定争议五岭1 010亩面积在1962年9月

27日《六十条》公布之前，已属于国有土地，使用权归国营林场。“四固定”时期县人民政府把国有土地作为集体土地发证给两社，这是无效的书证。国营林场于1962年《六十条》公布之前使用的事实和1964年经省林业厅批复的《生产设计任务书》属有效的权属凭证，1982年经县人民政府核发的《山林权证》属有效的确权书证。根据中华人民共和国林业部令［1996］第10号《林木、林地权属争议处理办法》第二章第六条的规定：“县级以上人民政府或国务院授权林业部依法颁发的森林、林木、林地的所有权或使用权证书（以下简称林权证）是处理林权争议的依据。”国营林场所经营使用的山岭包括争议五岭，1982年均经县人民政府核发了《山林权证》。1982年林业“三定”期间县人民政府核发给六村管理区经济联社的二级林场的《山林权证》，就没有争议岭的证。双方当事人同时都搞林业“三定”发证工作，国营林场向县人民政府申请，经县人民政府核发了山林权证是确权的有效凭证。1997年，六村管理区经济联社把二级林场的山岭全部转包给某庄园改种果树时，对现争议五岭没有提出权属要求，也没有把争议五个岭承包给某庄园。乙村、甲村两经济合作社自1958年以来没有经营使用过争议岭。六村管理区都没有经营使用过争议岭的事实。

国营林场自1958年建场时，就开始使用争议岭，并一直经营使用管理收益，同时与相邻的六村管理区经济联社的二级林场先后划过两次界线。1982年该林场与六村管理区二级林场对调少量插花林地，六村管理区二级林场把在争议岭内种的几小块林木划归林场所有，林场将争议岭的西北部某岭对换给六村管理区二级林场所有，并签有对换的书面协议。1994年10月21日，该林场与六村管理区二级林场，进行全面划清山界，并签订处理双方岭界协议书。曾于1984年10月，六村管理区的两村民在该岭西边脚耕种农作物时，因不小心失火烧掉了国营林场在该岭上的大片林木，林场向法院起诉，经县人民法院审理，分别判处一人拘留六个月，另一人有期徒刑三年，根据上述的事实，依照有关的政策法律、法规，市人民政府作出处理决定，把争议各岭土地所有权裁定属国家，使用权归国营林场是正确的。

四、案例评析

此案涉及集体林地与国有林地确权的政策、法律、法规问题。在林地权属争议案中，对同一山岭重复发证引起的争议，目前出现较多。同一山岭或同一块土地，双方当事人持有同时取得的权属证书。从民法中关于财产所有权物证的规定来执行，至少有一方的权属证书应该是无效的，因为财产所有权具有排他性。对同一山岭而言，除共有关系外，不可能既属于甲，又属于乙。调处这类案件，主要根据争议岭权属形成的历史、现状和争议双方权属证书的有效性。同时，对争议的双方经营使用管理收益的时间界限进行划定，对照集体所有的山林土地的法律、法规和政策，对照国家所有的山林土地的法律、法规和政策，对号入座，权属是谁的就清楚了。

此案把争议五个岭确认为国有土地的依据：

(1) 原国家土地管理局《确定土地所有权和使用权的若干规定》的第十六条规定："1962 年 9 月《六十条》公布以前，全民所有制单位，城市集体所有制单位和集体所有制的华侨农场使用的原农民集体所有的土地（含合作化之前的个人土地），迄今没有退给农民集体的，属于国家所有。"国营林场是国营全民的所有制单位，于 1958 年成立时，就对五个争议岭进行了种松树，管理收益，直到 1997 年 12 月争议时都没有退给农民集体。国有土地来源是符合法规的。

(2)《关于调处山林纠纷的若干规定》第二部分第三点规定："处理国营林场与社队的山林纠纷，应遵守和维护县以上人民政府和主管部门批准的国营林场设计任务书（经营范围），以及原来场社签订的有关合约和协议。"申请人国营林场有省级的两次任务设计书，两次的任务设计书都在 1958 年设计任务书范围内，而且边设计边经营使用争议的五个岭。该林场1958年2月一成立，就定为全民所有制性质的国营林场，五个争议岭都在省级的两次设计任务书内，设计任务书从未改变过，设计任务书于1964年批复，不能等于改变原来的事实。同时，在经营使用过程中，曾两次签订了划清经营界至协议。在调处山林土地纠纷中，要执行当地《关于调处山林纠纷若干规定》第二部分第三点：在调处山林纠纷时原则上要维护过去（解放后包括“三定”以来）已经调解签订的合约、协议，不能推倒重来。

(3) 中华人民共和国林业部令《林木、林地权属争议处理办法》第二章第六条规定：“县级以上人民政府或者国务院授权林业部依法颁发的森林、林木、林地的所有权或者使用权证书（以下简称林权证），是处理林权争议的依据。”第七条明确规定：“尚未取得林权证的，下列证据作为处理林权争议的依据：（一）土地改革时期，《中华人民共和国土地改革法》规定不发证的林木、林地的土地清册；（三）当事人之间依法达成的林权争议处理协议，赠送凭证及附图；（四）人民政府作出的林权争议处理决定；（五）对同一起林权争议有数次处理协议或者决定的，以上一级人民政府作出的最终决定或者所在地人民政府作出的最后一次决定为依据；（六）人民法院作出的裁定、判决。”这些都是调处林权纠纷的依据。本案当事人双方在1983年搞山林“三定”发证工作后只一方有林权证，而另一方没有上述的任何一种依据。对本案争议的五个岭两社拿不出有效的确权依据。

(4) 1962年“四固定”时期的《生产队土地房屋所有证》是争议林地确权的有效依据，《关于调处山林纠纷的若干规定》第二部分第一点做了规定。但具体情况具体分析、具体处理。本案集体一方持有1962年“四固定”时期的凭证，可是这个凭证是在全民所有的国营林场对争议五个岭经营使用了四年多后于1962年领到的凭证。根据《确定土地所有权和使用权的若干规定》的第三章第十九条“土地改革时分给农民并颁发了土地所有证的土地，属于农民集体所有；实施《六十条》时确定为集体所有的土地，属农民集体所有。依照第二章规定属于国家所有的除外。”这明显是把国有林地作为集体林地发给权属证，不管过去、现在和将来都是错误。错发了权属证一经发现就要纠正，县级以上人民政府就应发文撤销错发的权属证。在调处林权纠纷中发现错发权属证的，就要协商解决；如果协商解决不了的，县以上人民政府作出处理决定，必须撤销一方领到错发的权属证书，维护另一方的合法权益。

（5）解放前至1957年争议的天鹅岭等五个岭是荒山荒岭，解放后至1957年人民政府没有把权属确权给任何单位和个人，属国有的荒山荒岭。根据《关于处理土地纠纷问题的意见》第六点规定：国营农、林、牧、渔场开垦的属于国有荒山荒地，任何单位和个人不得提出权属要求和补偿。

22. 甲村为何得不到这块土地

一、争议当事人

申 请 人：甲村

被申请人：某水产供销总公司

二、争议的基本情况

争议地位于甲村海边码头，是水产供销总公司的木材仓库，四至是以该地四周旧围墙脚为界，面积4 320平方米。

1985年5月甲村村民吴某等人因该地纠纷诉至当地县人民法院，法院判给水产供销总公司所有，并以吴某等人不具备法定代表人资格裁定驳回起诉。吴某等人不服县人民法院裁定，上诉于市中级人民法院，中院审理后认为，双方争议的土地属于水产供销公司证据确凿、理由充分，裁定驳回上诉，维持原裁定。

争议地原属某大队所有，从1961年起由县水产供销总公司使用，1963年11月1日县水产供销总公司和大队签订了《土地转移权合同》，并经乙公社鉴证。1963年11月27日经县人民委员会批准给县水产供销总公司作建设仓库用地，县水产供销总公司按合同规定于1964年把该地补偿款725元交给甲大队，后来该大队把这笔款作为甲村生产队上缴大队的积累转账处理。在1961—1985年间，县水产供销总公司安排了甲村的群众就业。在旧木材仓库转让给塑料厂使用时，甲村群众以该地原是他们的为由，要求归还，诉至法院，法院以其主体不合格裁定驳回。

1992年5月27日，县人民政府作出《处理决定》，将争议地的所有权确定为国家所有，使用权属县水产供销总公司所有，申请人甲村不服，起诉至县人民法院，县人民法院维持了县人民政府的处理决定，申请人仍不服上诉于当地市中级人民法院，中院审理后维持原判。

三、处理意见及适用法律法规

此案是一起全民所有制单位与农民集体单位纠纷较为典型的案例，案中被申请人县水产供销总公司提供的《土地转移权合同》是较为确凿的书证。调处此类案件关键是查清书证的合法性，以确定书证的有效性，这样才能准确、合理地确定争议地的归属。

1985年甲村村民吴某等人因该地权属诉至法院，法院以吴某等人不是该村的村长，不具有法人资格而裁定驳回起诉（上诉）。吴某等人诉至法院之所以被裁定驳回，是因为其主体不符合法定资格。所谓的主体，简而言之是指具有法定资格的单位或个人。后来，甲村以集体为主体向县人民政府申请处理，这样主体就明确、合法了。《中华人民共和国土地管理法》第十六条明确规定：“……单位之间的争议，由县级以上人民政府处理……”。原国家土地管理局《土地权属争议处理暂行办法》第七条："县级人民政府土地管理部门受理下列土地权属争议案件：（一）个人之间、个人与单位之间、单位与单位之间发生的土地权属争议案件……"。申请主体符合资格，符合立案条件，县政府才立案受理。

本案中，对争议地的补偿问题。县水产供销总公司是全民所有制单位，其使用农民集体所有的土地，属于征地范畴。县水产供销总公司补偿的725元给甲大队应作为征地补偿，其安排申请人甲村的群众在旧木材仓库做搬运工，应认定为安置就业。依据是《中华人民共和国土地管理法》第四十七条："征用土地的，按照被征用土地的原用途给予补偿……"；县水产供销总公司在1963年11月1日已与某大队订立了《土地转移权合同》，因而争议地的所有权已转移，已不存在补偿问题，此观点的依据是原国家土地管理局《确定土地所有权和使用权的若干规定》第十六条："……有下列情况之一的，属于国家所有：签订过土地转移等有关协议的……"。县水产供销总公司自1961年起已使用争议地，直至1985年才将争议地转让给塑料厂，其间又依法签订了《土地转移权合同》，此合同的签订，土地的性质已由原农民集体所有转变为国有，因此就不存在征地及补偿问题。

四、案例评析

调处土地权属纠纷，确定主体是关键，且确定的主体必须合格。调处土地权属纠纷案件的主体包括处理主体和争议主体。处理机关必须符合法律的规定，即确权和主管所具备的权限；争议主体即当事人必须是具备可拥有土地权属的法定资格和事实依据。主体不合格，将会导致被复议机关或人民法院判决撤销的法律后果。对争议主体及处理主体，《中华人民共和国土地管理法》第十六条明确规定："单位之间的争议，由县级以上人民政府处理，个人之间，个人与单位之间争议，由乡级人民政府或者县级以上人民政府处理"。本案中，吴某等人上诉至法院被裁定驳回，究其原因是主体不合格。

调处土地权属纠纷，对于争议土地的补偿问题，是经常遇到的问题，也是难以处理的问题。对于补偿问题如果处理不当，将会扩大争端，激化矛盾。补偿包括土地补偿费、安置补助费以及土地附着物和青苗的补偿费。一个农民集体使用另一个农民集体的土地，是否要补偿及如何补偿没有明确的规定，但可由双方约定，而约定必须合法、合情、合理。全民所有制单位使用农民集体单位的土地，是否要补偿，原国家土地管理局《确定土地所有权和使用权的若干规定》第十六条规定："……凡属上述情况以外未办理征地手续使用的农民集体土地，由县级以上地方人民政府根据具体情况，按当时规定补办征地手续……"其确定是否属征地范畴，若属征地范畴，则要补偿。而如何确定补偿标准，《中华人民共和国土地管理法》第四十七条规定："征用土地的，按照被征用土地原用途给予补偿……"。

23. 校地权属应当归谁所有

一、争议当事人

申 请 人：甲管理区经济合作社

被申请人：某中心小学

二、争议的基本情况

争议地坐落在某管理区原一队某地，面积 4 857 平方米。

1972 年冬，原中心小学被洪水摧毁。1973 年初，原二队召集所属生产队长和群众代表讨论决定，将小学迁到原属一队所有的某处耕地上新建。当时，二队、小学与一队签订了《关于新建校址面积产量承担合约》，合约规定新建校舍土地的全部产量，分派给所属的 19 个生产队（含甲队）分担，抵消甲队的部分征购任务。签订《合约》后，一队交付计产面积 6.79 亩耕地给乙大队建成学校使用至今。二队从 1973 年起每年为一队减除粮食征购任务 7 805 斤，其中减公粮 4 059 斤，购粮 3 746 斤，在此公购粮任务中：一队每年应承担公粮 267 斤，购粮 246 斤，共 513 斤外，其余的征购任务按人口分摊到全大队十八个生产队缴纳给国家。新建学校用地的公粮至今仍按《合约》执行。但购粮部分履行至 1979 年下半年后不再支付购粮款给一队。学校自建成后 20 多年来，未曾有人对学校用地提出异议。1992 年在某镇进行地籍调查丈量发证（未发证）时，认定新校址占地面积 4 857 平方米，也明确现争议地的权属和四至。1993 年冬上述四申请人要求管理区确认新校址的土地权属归他们所有和继续履行《合约》，遭到甲管理区拒绝，引发纠纷。后经所在镇及管理区多次协商未果，遂诉至市政府。

当地市政府于 1994 年 3 月 17 日作出处理决定书，将中心小学校址用地面积 4 875 平方米（四至如前述）的土地所有权属国家所有，使用权属中心小学。申请人不服，期限内向市人民法院起诉，一审法院作出维持县人民政府的判决。原告不服一审判决，又上诉当地市中级人民法院。市中级人民法院以确认争议地归国家所有缺乏事实和法律依据为由，撤销一审判决和县人民政府的处理决定，由县人民政府重新作出处理决定的判决。1995 年，当地市人民政府经过认真分析讨论，重新作出中心小学用地属甲管理区经济联合社集体所有，使用权归中心小学的处理决定，申请人不再起诉而终结。

三、处理意见及适用法律法规

这起土地权属的争议案，经历了政府行政处理——一审法院维持——二审法院撤销——政府重作四个阶段。几经反复，使案情定性更加准确。

当年申请人与被申请人所签订的《关于新建校址面积产量承担合约》是土地转让的合约还是租借形式的合约，也就是说土地权属是否转移的问题，是解决本案如何做到合理、合法的关键问题。从该合约的条款可以看到，二队（现管理区）从1973年起，按每年亩产1 150斤计算折合稻谷7 805斤抵减一队的征购任务，其中公粮4 059斤，购粮3 746斤，分摊到该大队所属的19个生产队（含一队）负担，购粮款按国家收购价每年由二队兑付给一队，而公粮至今都一直仍由19个生产队（含一队）按原分摊任务缴纳给国家。按当时的历史情况，大多数办公或企事业单位需要使用农民集体的土地都是以减公购粮的形式作为补偿而使用的。甲管理区就是以这种形式使用现在中心小学校址的。也就是说，所使用的土地的权属已经发生了转移。

该校址用地虽签有合约，并进行过一定的补偿，但当年所建学校所抵减原权属生产队的公粮至今仍由19个生产队缴纳给国家，只不过以签订合约的形式并进行一定的补偿，将原属生产队的土地所有权转移给二队（现管理区），并一直由学校使用了20多年，所以，所有权应属甲管理区经济联合社。根据《中华人民共和国土地管理法》第十六条第二款规定："单位之间的争议，由县级以上人民政府处理"。原国家土地管理局关于《确定土地所有权和使用权的若干规定》第二十三条"乡（镇）或村办企事业单位使用的集体土地……《六十条》公布时起至一九八二年国务院《村镇建房管理条例》发布时止使用的，有下列情况之一的，分别属于该乡（镇）或村民集体所有：

1. 签订过用地协议的（不含租借）；

2. 经县、乡（公社）、村（大队）批准同意，并进行了适当的土地调整或者经过一定的补偿的。"这些法律、法规都说明争议地应属甲管理区经济联合社所有，使用权归中心小学是不容置疑的。

市政府最后作出的处理决定，遵循了两条原则：一是尊重历史事实。鉴于70年代法律法规尚未完善的历史背景，当时大多乡村办企事业使用农民集体的土地都是以减公购粮的形式，作为一种补偿而使用的这一历史事实，该校用地就是在这种背景下使用的。该校用地自 1973 年 2 月申请人与被申请人自愿达成《合约》以后，申请人即交付耕地给被申请人新建学校，被申请人也在当年已按《合约》的约定兑付了补偿。二是尊重使用事实。该校用地自 1973 年 2 月双方自愿达成《合约》交付土地建成学校使用至今已 20 多年，在这 20 多年中从来没有任何人对学校用地提出异议。故此，市政府最后作出现争议地所有权属甲管理区经济联合社集体所有，使用权归中心小学的处理决定后，申请人也不再起诉而使此案终结。

四、案例评析

调处土地纠纷，主体即系处理主体和争议主体必须明确合法。处理机关必须符合法律规定，即确权和主管部门所具备的权限；争议主体即当事人必须拥有土地权属的法定资格和事实依据。确权的权力主体，法律是有明确规定的。《中华人民共和国土地管理法》第十六条明确规定："单位之间的争议，由县级以上人民政府处理；个人之间、个人与单位之间的争议，由乡级人民政府或者县级以上人民政府处理。"原国家土地管理局令《土地权属争议处理暂行办法》第七条对确权主体按照分级负责的原则，对处理土地争议案的职权范围也作了明确的规定。使各级政府各施其责，既克服了互相推诿，也对滥用权力者给予了限制。争议主体也应该合法。土地所有权只能是属国家所有或者农民集体所有两种。国有土地只能确权给国家所有。不能将属农民集体所有的土地确定为国有。当前，农民集体所有的土地可根据实际情况确权给乡（镇）经济合作总社、村经济联合社和村民小组的经济合作社所有，即农村集体的土地所有权只确定给以上三种经济组织集体所有。

在调处土地纠纷中，我们要严格区分国有土地和农民集体土地的所有权，二者的性质是截然不同的，不能混为一谈。国有土地法律上有明确的规定："一是城市市区范围内的土地；二是 1950 年实施土地改革法时，没有将土地所有权分配给农民的土地；三是1962年实施《六十条》时未划入农民集体范围的土地；四是国家建设征用的土地。”农民集体所有的土地法律法规也作了明确的规定：“一是土地改革时分给农民并颁发了土地房产所有证的；二是实施《六十条》时确定为集体所有的土地。”农民集体所有的土地和国有土地之间的性质有时也会发生变化，即农民集体所有的土地之间性质有时也会发生变化，即农民集体所有的土地可以依法转变为国有土地，但国有土地不能转变为农民集体所有的土地。这是必须严格掌握的政策界限。

本案市政府在第一次作出处理决定时，将本属甲管理区经济联合社所有的土地，确权给国家所有，显然是缺乏法律依据，不符合法律规定的。这是在处理有关此类的土地纠纷中应引以为鉴的。

第二部分 2

国有土地使用权权属争议

24. 原有的私人荷塘在城市土地国有化后不能取得国有土地使用权

一、争议当事人：

申 请 人：徐某等 4 人

被申请人：×住宅小区

二、争议的基本情况：

争议地老城区的“徐家花园塘”是解放前申请人祖上的遗产，该塘坐落在住宅小区内，徐家后裔继承了该房地产所有权，有 1952 年 7 月 13 日县人民政府税务局房地产税编查表为证。“文化大革命”时期，部分宅基被收回国有进行城市建设，唯有这个塘一直由徐家后裔植荷养鱼。但 1989 年初始土地申报登记时，并未申请“徐家花园塘”所有权和使用权。在初始地籍调查界址表及宗地图，申请人的宗地权属界中无“徐家花园塘”；且对初始地籍调查指界认界、土地登记公告时未提出异议；“徐家花园塘”位于住宅小区内，土地利用现状属于城市瞻仰景观休闲用地。申请人主张所有权及使用权，于 2002 年 6 月 26 日向市国土资源局申请土地权属争议调处，并经同意受理。

三、处理意见及适用法律法规

市国土资源局经现场勘查，并对争议当事人的举证材料进行了审查，申请人未能提供符合申请“徐家花园塘”土地使用权合法、齐全的土地权属来源证明和地上附着物的权属证明材料。根据《宪法》第十条“城市的土地属于国家所有。”“徐家花园塘”属于城市瞻仰景观休闲用地，是城市公用设施用地的一部分。根据《土地管理法》第十六条、《浙江省土地登记办法》第十二条：“有下列情形之一的，土地所有者、使用者应当在土地权属变更之日起30日内，向原登记机关申请办理土地权属变更登记：

（一）依法转让土地使用权的；

（二）依法继承土地使用权的；

（三）因交换、调整土地而发生土地所有权、使用权变更的；

（四）因处分抵押财产而取得土地使用权的；

（五）因单位合并、分立、兼并等原因引起土地使用权变更的；

（六）其他土地权属依法变更的情形。”

第十八条：“申请土地登记，申请者应当向县级以上人民政府土地行政主管部门提交下列文件：

（一）土地登记申请书；

（二）土地登记申请人的身份证明（个人的身份证明或者户籍证明，单位的营业执照及法定代表人证明）；

（三）土地权属来源证明；

（四）有地上建筑物和其他设施的，应当提交其权属证明；

（五）需要缴纳土地税费的，应当提交税费缴纳证明；

（六）法律、法规、规章规定应当提交的其他证明。

委托代理人申请土地登记的，还应提交授权委托书和代理人身份证明。”

作出《关于不予受理土地登记申请的决定》。

四、案情评析

调处此类争议案例需要把握如下几点：

（1）本案例一般在城市拆迁改造过程中落实拆迁补偿政策时发生的较为普遍。

（2）解放前祖上遗产，城市中的池塘不等同于房产或其他建筑物，城市中的瞻仰景观休闲用地，应归属于城市公共用地。根据《宪法》、《土地管理法》，“城市的土地属于国家所有”。

（3）在类似争议案件调处过程中要明确《土地管理法》与《城市房地产管理法》是相互衔接的，突出体现这两部法律都坚持了城乡地政统一管理的原则。

（4）理解“房屋”的含义是指土地上的房屋建筑物与城市基础设施用地和公益事业用地的关系。

此外，我国对土地、山林大体上进行了四次确权，即土改、合作化、1962年的“四固定”、1982年宪法颁布前后土地权属的重新登记。在处理纠纷过程中一般以“四固定”确定的权属为准，任何以“祖字山、祖字土”等为理由而否认“四固定”时的确权结果均不予以支持。如果后来均未确权的，则须根据具体情况具体分析，不能想当然处理，对具有明确法律规定的争议则须严格依法办理。

25. 重复征用、划拨的土地，可按目前实际使用情况确定国有土地使用权

一、争议当事人

申 请 人：某轻机厂

被申请人：某液压件厂

二、争议的基本情况

轻机厂前身为1954年成立的市冶金机械修造厂，1958年成为地方国营企业。1960年6月，更名为市冶金通用修造厂。该厂在1960年6月、11月征用了该案中有争议的土地4.41亩。1968年根据国家计委文件批准，轻工部整体接收市冶金通用修造厂，改建轻机厂，移交土地539.691亩，包括现争议的土地，当时规划设计为露天存放焦炭用地，并在该宗地上建有少量房屋，一直使用至今。且有1960年6月、11月征地红线图，1968年接收市冶金通用修造厂的批文、移交协议和移交地权图为证。

某液压件厂前身为1958年成立的汽车大修厂。1960年2月和3月，该厂因扩建需要两次征用土地21.86亩，包括现争议的

土地，均有征地红线图和补偿清单。土地征用后，建起了一排简易库房，圈起了土围墙。厂区与争议地块之间有小桥，1963 年发大水，库房及土围墙倒塌，小桥被冲毁，造成土地无法使用。

三、处理意见及适用法律法规

经查，争议土地确为重复征用。但 1968 年 6 月 1 日，轻机厂整体接收市冶金修造厂及其土地使用权是经原轻工部、当地市政府同意的，有明确的边界及面积，手续具有法律效力。并且从移交协议及移交地权图上，均可看到该宗地在移交范围内，取得了对此宗土地的使用权。

争议的 4.41 亩国有土地使用权依法确定给轻机厂。主要依据为调查所得事实和《确定土地所有权和使用权的若干规定》三十五条的规定。

处理决定下达后，双方未提起行政复议和行政诉讼。

四、案例评析

此类土地权属争议发生的特点：①原国有土地使用者因为种种原因停止使用国有土地，有些经过批准，有些未经批准，土地已由其他单位使用。随着土地资产价值的日益体现，部分单位依据原征地资料主张权利，造成土地权属争议；②对《确定土地所有权和使用权的若干规定》第三十五条“转由”其他单位使用不认可，简单的认为“原来是我的，现在也应是我的”。解决此类争议的要求：查清事实，按照《确定土地所有权和使用权的若干规定》第三十五条的规定，确定现使用人国有土地使用权。实际工作中存在的困难是：由于资料不全、不清，当事人叙述的不一致，造成事实难以查清的，是否可以直接按照使用状况，确认现使用人国有土地使用权。笔者认为此案确权依据并不是很充分，见解如下：

本案中的争议土地，属于重复征用、重复划拨的土地，双方均有有效的征地批准文件。对这类情况，从权利的法律来源上，二者都有依据。此时，就要优先考虑在事实上使用土地的一方。

因为，既然在法律权利来源上双方是一样的，那么，二者地位区别的关键就在于对土地依赖的程度不同以及确权可能带来的当事人地位变动的程度不同。因此使用的事实具有了重要的影响。长期使用的一方在土地上建设了各种建筑物、构筑物等，对土地的依赖性很强，一旦丧失了对土地的占有，当事人的生活秩序就会被打乱，当事人改变生活状态的成本是非常大的，比如另行选址，拆迁房屋、设备，安置职工等。而对于另一方并未占有使用土地的当事人来说，长时间以来，其并未主张对土地的权利，对土地并未形成事实上的依赖关系，也不存在由于丧失对土地的占有利用而导致的转出成本。所以，当存在重复征收、重复划拨的情形时，应该原则上由占有使用的一方取得国有土地使用权。这一点，也正是《确定土地所有权和使用权的若干规定》第三十八条："一九八七年一月《土地管理法》施行之前重复划拨或重复征用的土地，可按目前实际使用情况或者根据最后一次划拨或征用文件确定使用权。"规定的主要精神。

26. "轻归属，重使用"原则在土地确权中的适用

一、争议当事人

申 请 人：某学校

被申请人：某燃料公司

二、争议的基本情况

争议面积 570 平方米，土地性质为国有土地。提出争议时实际用途为煤店，但基本处于闲置状态。

该地块是 1956 年经公私合营，由零售公司合并划归"柴煤门市"(隶属市燃料公司)，作为国合商业网点管理使用。1964 年 11

月26日市人民委员会同意省人委办公厅征用门市所在街道城市用地920平方米修建住宅。同时要求省人委办公厅“在妥善安置该街柴煤门市和市建筑修缮公司七工区料场后，才能使用”。同年12月4日市建设局根据市人民委员会文件，同意征用该街城市用地920平方米，也同样要求在使用前，应对该街柴煤门市和市建筑修缮公司七工区料场给予妥善安置。但由于1966年发生“文化大革命”运动，该街柴煤门市的安置工作没有按征地批文的要求进行，该门市即一直使用至今。1981年3月12日，省政府将该街某号院拨交省财校管理使用。省财校接管后，对该柴煤门市用地提出异议，先后多次向有关部门提出解决争议、明晰产权的要求，但一直未能得到明确答复，该项争议也未能得以解决。2000年3月17日，省财校正式向区土地管理局申请进行土地权属纠纷调处，并申请办理使用权登记手续。被申请人则认为煤店作为居民基本生活用品的供应设施，从1956年起一直为市燃料公司管理使用，至今已有44年，有《全民房产所有证》。使用权应归本单位。

三、处理意见及适用法律法规

作为城市商业网点，柴煤门市把争议地块长期使用，已形成事实，但根据1997年市禁止在市区内使用燃煤的规定，市区的煤店逐渐萎缩，该门市基本处于闲置状态。区土管局依据原国家土地局《确定土地所有权和使用权的若干规定》第三十八条：“一九八七年一月《土地管理法》施行之前重复划拨或重复征用的土地，可按目前实际使用情况或者根据最后一次划拨或征用文件确定使用权。”的规定，在充分征求争议双方意见，协商一致的情况下，达成调解协议。主要内容为该街570平方米国有土地使用权确认给省财校，并依法办理登记手续，省财校对该煤店的人员安置和搬迁进行相应的补偿。

四、案例评析

该争议时间跨度大、情况复杂，国土资源部门依据原国家土地局《确定土地所有权和使用权的若干规定》第三十八条的规定，同时考虑到目前该门市基本处于闲置状态的情况，将争议地国有土地使用权确认给某学校。

27. 土地登记有误的，不能作为土地确权的依据

一、争议当事人

申 请 人：游某

被申请人：某乡镇企业局

二、争议的基本情况

申请人 1963 年购买县城西关生产队房产一处，使用土地南北长 32.6 米，东西宽 12.4 米。另在该宗土地范围外西南角有砖窑一孔，砖窑长 5.5 米，宽 3.4 米，一直使用至今。60 年代县城关铁业社借用申请人部分土地并签订了借用协议。后城关铁业社更名为县农机公司，将其使用和借用的申请人部分土地调换给县农机公司。1987 年 2 月 11 日农机公司将此地块转让给被申请人，并签订了转让契约。同年 2 月 11 日被申请人申请办理土地登记，县政府 6 月 25 日发证，该证书包括了借用申请人的部分土地。后临街道路拓宽，占用了该证书范围的部分土地，但未及时进行变更登记。2000 年 7 月被申请人按照持有的国有土地使用证进行拆迁，但申请人房屋却在该土地使用证标明的用地长度范围内，引起争议，申请人要求确认国有土地使用权。

三、处理意见及适用法律法规

根据《中华人民共和国土地管理法》第十六条“土地所有权和使用权争议，由当事人协商解决；协商不成的由人民政府处理。”《当地省实施〈土地管理法〉办法》第十一条：“土地登记和颁发土地证书后发现有错登、漏登或有违法情节的，原登记发

证机关应当依法更正，收回或注销原发土地证书，换发新的土地证书。”《确定土地所有权和使用权的若干规定》第二十七条“土地使用者经国家依法划拨、出让或解放初期接收、沿用，或通过依法转让、继承、接受地上建筑物等方式使用国有土地的，可确定其国有土地使用权。”的规定，处理意见为决定注销被申请人持有的土地使用证；争议土地国有土地使用权归申请人。申请人、被申请人按实际使用情况，依法申请土地登记。

双方当事人未提起行政复议和行政诉讼。

四、案情评析

本案例为土地登记有误，造成土地权属争议，其原因为土地登记时登记机关未查清土地权属来源和使用情况，以及未及时按照使用状况变化办理变更土地登记，土地权利人仍依据已颁发的土地证书主张权利。处理时，经调查确认了借用的事实，并按照土地证书颁发时的道路状况和现在实际的道路状况，确认了被申请人的土地权属范围变化的情况，根据《省实施〈土地管理法〉办法》第十一条、《确定土地所有权和使用权的若干规定》第二十七条的规定形成处理意见。这类土地权属争议还有一些是由于土地登记时权属界线的指认不真实，以及土地登记工作人员责任心不强造成的，对于这类争议，国土资源管理部门应查清产生争议的原因，确实登记有误的，应注销原土地登记，重新确权后再登记。

28. 登记有误的，应注销原土地登记，重新确权后再登记

一、争议当事人

申 请 人：某菜市场

被申请人：某铁路局

二、争议的基本情况

1958 年由原甲市服务厅、商业厅和铁道部管理局联合发文，将铁路系统设在甲市地区的供应站全部移交当地商业服务部门接管经营，甲市车站老官房的供应站由市蔬菜食品杂货公司（市蔬菜公司前身）接管使用，1987 年菜市场与蔬菜公司脱钩，市蔬菜公司将该处房地产的一部分移交给了申请人。1989 年原市房地产管理处为申请人颁发了房屋所有权证，2001 年市政府为申请人颁发了国有土地使用证。1993 年市人民政府根据解放时接收敌伪地产的资料为市铁路局颁发了国有土地使用证，因两次登记按照不同的权属资料进行，重叠发证，争议面积 1 294.22 平方米。2002 年 11 月 4 日市人民政府注销了两个国有土地使用证。市国土资源局根据《中华人民共和国土地管理法》第十六条的规定，为双方当事人进行了调解，但调解未获成功。

三、处理意见及适用法律法规

根据调查结果和 1958 年铁路与地方的移交文件以及《确定土地所有权和使用权的若干规定》第二十六条“土地使用权确定给直接使用土地的具有法人资格的单位和个人。但法律、法规、政策和本规定另有规定的除外。”第二十七条“土地使用者经国家依法划拨、出让或解放初期接受、沿用，或通过依法转让、继承、接受地上建筑物等方式用国有土地的，可以确定国有土地使用权。”的规定，将争议土地的国有土地使用权确定给市蔬菜公司和某菜市场，面积为 1 294.22 平方米。

四、案例评析

本案例为土地登记有误，造成土地权属争议，其原因为土地登记时登记机关分别按照不同的（接收和移交）权属来源文件进行登记，未对实际用地情况进行调查，造成重复发证，土地权利人分别依据已颁发的土地证书主张权利。争议发生后，注销土地证书是处理争议的前提；处理时，依据铁路和地方移交的正式文件确认移交结果，并根据《确定土地所有权和使用权的若干规定》第二十六条、第二十七条形成处理意见。中华人民共和国建立后，铁道系统接收了大量的铁道、站场用地，由于历史原因部分土地已被铁道系统以外的单位和人使用。这类用地的土地权属争议不仅涉及如何维护土地权利人合法权利，也涉及铁路和地方的关系问题，而且由于多数没有正式的移交、批准文件，处理难度极大。对于这类争议如何妥善处理，是各级国土资源管理部门应当认真研究的问题。

29. 允许他人在自己享有土地使用权的土地上建筑房屋，应该视为将房屋占用部分的土地使用权转让给房屋所有人

一、争议当事人

申 请 人：某粮食干部学校

被申请人：某油脂饲料公司

二、争议的基本情况

争议地的仓库用地是某油脂饲料公司于50年代初征用的，土地权属一直属该公司所有。市粮食干校于1980年3月，经地区编制委员会批准，成立了地区粮食职工培训教育基地，确定将校址设在市油脂公司仓库院内，1986年经批准变更为市粮食干部学校。该校自开办以来，在当时地区粮食局的安排和批示下，未进行土地权属登记，但一直使用仓库内9 620.7平方米土地，截止到纠纷调处前，该校已在该宗土地上建有固定建筑物1 600平方米。市油脂饲料公司在未告知市粮干校的情况下，于1998年将市粮干校使用的9 620.7平方米土地登记在市油脂饲料公司名下，并申办了土地使用权证。2002年9月10日，市粮食干部学校向国土资源局提出书面申请，要求解决校址用地权属

争议问题。油脂饲料公司认为市粮干校使用该宗土地20多年间，一直未进行土地权属登记，而油脂公司已于1998年到市土地管理局申办了土地使用权证，认为该公司享有合法的土地使用权。

三、处理意见及适用法律法规

2002年10月中旬，市国土资源局牵头召开了两次土地权属争议调处座谈会，市粮食局、市粮食干部学校、市油脂公司领导参加了土地权属争议调处座谈会。座谈会上，争议双方陈述了土地争议的主要事实、依据和权属要求，市粮食局协调了争议双方的土地使用关系。

在此基础上，国土局依据原国家土地管理局《确定土地所有权和使用权的若干规定》第三十五条“原由铁路、公路、电力、军队及其他单位和个人使用的土地，1982年5月《国家建设征用土地条例》公布之前，已经转由其他单位或个人使用的，除按国家法律和政策应当退还的外，其国有土地使用权可确定给实际土地使用者，……”的规定，并考虑到市粮干校土地实际使用状况及房屋设施建设状况，提议将土地使用权确定给粮食干部学校。油脂饲料公司和市粮干校与会人员听取了这一建议，达成了将该宗土地使用权变更给粮食干部学校的协议。

四、案例评析

本案涉及到如何理解使用《确定土地所有权和使用权的若干规定》第三十五条规定，原由铁路、公路、水利、电力、军队及其他单位和个人使用的土地，1982年5月《国家建设征用土地条例》公布之前，已经转由其他单位或个人使用的，除按照国家法律和政策应当退还的外，其国有土地使用权可确定给实际土地使用者，但严重影响上述部门的设施安全和正常使用的，暂不确定土地使用权，按照有关规定处理后，再确定土地使用权。1982年5月以后非法转让的，经依法处理后再确定使用权。首先，从时间上来算，1982 年以后，土地流转有法可依，凡使用土地的，必须申请使用国有土地，禁止当事人私下进行土地交易。但是，在 1982 年之前，权利意识淡漠，法律存在空白。所以，考虑到这种实际情况，《确定土地所有权和使用权的若干规定》第三十五条规定，除了依照法律和政策应当退还的以外，原则上要求确权给现在的使用人。国土资源部国土资函 217 号文明确指出，只要不是强占性质，原则上按照现状确定土地使用权，但租赁借用的除外。问题是，如果“允许使用”的法律关系不清楚是转让还是租赁、租用时如何判断？编者认为，应该从当事人的真实意图和具体情况加以判断。在本案中，一方允许另一方在自己享有使用权的土地上建设多幢房屋，并且使用多年并未提出异议。由于我国不允许国有土地使用权人在自己的国有土地使用权的基础上为他人的房屋设定地上权，而如果单纯的租赁关系又缺乏物权的效力，且时间较短，不利于保护房屋所有人的合法利益，因此，如果允许他人在自己享有国有土地使用权的土地上建设房屋，应认定为真实意图在于转让房屋占用范围内的国有土地使用权，从而确定房屋所有人依法享有该国有土地使用权。

30. 土改时国家征收的教会土地，已另行划拨使用的，应按照国家宗教用地政策退还相应的土地；不在退还政策范围内的，现使用人享有国有土地使用权

一、争议当事人

申 请 人：天主教周至教区

被申请人：社会福利院及该院精神病所

二、争议的基本情况

1953 年 1 月 30 日经省民政厅批准建立市社会福利院精神病所，该所使用的土地为当时县人民委员会依法接收的原天主教育婴堂教产，现在实际占地 16.71 亩，自 1953 年一直使用至今。被申请人现在使用的县某村村北耕地 20.18 亩、村西耕地 11.75 亩，也是 1953 年接收的教会财产，1954 年 5 月为该院颁发了土地房产所有证。申请人认为按照国家和当地省有关文件的精神，应将以上三宗土地的使用权，作为教产归还教会。申请人与被申请人之间还发生了抢种、推倒围墙等事件，被申请人要求申请人停止侵权并赔偿损失。

三、处理意见及适用法律法规

国务院国发［1980］188 号文件、国家宗教事务局［1984］宗发字 310 号文件、中共当地省委发 27 号文件主要是解决宗教团体房屋产权（活动用地）问题，鉴于社会福利院的房地产建国后经人民政府正式承认登记，故福利院使用上述土地不属于应返还的教产。依照《土地改革法》第三条："征收祠堂、庙宇、寺院、教堂、学校和团体在农村中的土地及其他公地。"《确定土地所有权和使用权若干规定》第四条："依据一九五〇年《中华人民共和国土地改革法》及有关规定，凡当时没有将土地所有权分配给农民的土地属于国家所有；实施一九六二年《农村人民公社工作条例修正草案》（以下简称《六十条》）未划入农民集体范围内的土地属于国家所有。"第十六条第一款："一九六二年九月《六十条》公布以前，全民所有制单位，城市集体所有制单位和集体所有制的华侨农场使用的原农民集体所有的土地（含合作化之前的个人土地），迄今没有退给农民集体的，属于国家所有。"的规定，作出了争议地国有土地使用权归被申请人所有的处理决定。申请人不服此决定，遂于 1999 年 5 月 11 日向市人民政府提起行政复议。市人民政府经过复议，作出行政复议决定书，维持了县人民政府行政处理决定。

四、案例评析

本案例为宗教团体要求按照国家政策退还原属宗教团体的用地引起的土地权属争议。处理时，根据《土地改革法》第三条的规定将其作为国有土地处理，是解决争议的关键。宗教用地分为两类：宗教活动用地如教堂、寺院本身用地和原属教堂、寺院所有的其他用地。土地权属争议的成因多为用地已经人民政府收回划拨给其他单位使用，现宗教团体要求归还。为了宗教活动的需要，国家制定了退还宗教用地的政策，但宗教团体扩大了政策的范围，不仅要求退还教堂、寺院本身的用地，同时还要求退还其他的土地。这类争议的处理应当按照《确定土地所有权和使用权的若干规定》第三十条的规定处理，处理时应当区分活动用地和其他土地，活动用地可以退还，其他土地不应退还。原因是根据1950年《土地改革法》第三条“征收祠堂、庙宇、寺院、教堂、学校和团体在农村中的土地及其他公地”的规定，原为宗教团体所有的土地已经国家征收，转为国有土地，国家根据需要已划拨给其他单位使用。国家实施的宗教用地退还政策，应视为收回原划拨用地，并对宗教团体重新确定国有土地使用权，以保证宗教活动的需要，其他土地因与宗教活动无关，并且国家已经划拨给其他单位使用，不应在退还之列。

31. 土地公有制前的私有空闲宅基地，公有制后不再享有国有土地使用权

一、争议当事人

申 请 人：陈某

被申请人：张某

二、争议的基本情况

陈某与张某属东西毗邻，两宗宅基地均属国有土地。张某现使用的宅基地系其先父于1942年购买房屋所得，1975年张某将原有房屋拆除重建成现住的土建结构瓦房。陈某现使用宅基地属继承祖业所得，1972年陈某将原祖业老房的正房拆除重建时，因北边正房地籍东西尺寸不足，经陈某申请，原大队干部宁某、杨某等人找张某家人协商，当时张某及丈夫胡某（现已故）同意让陈某占用自己的空宅基地东西1.4米宽，南北10.8米长建房使用，陈某给张某兑换了一块自留地。陈某于1972年建成现居住的正房土房三间，并在西边正房南边修建土围墙，长期以来张陈两家无争议。2001年12月陈某申请办理国有土地使用证时因宅基地使用权界需让西邻张某签字，张某此时提出让陈某退还1972年占用的1.4米宽，10.8米长的宅基地，故引起了纠纷。

三、处理意见及适用法律法规

县国土资源局根据《中华人民共和国土地管理法》第十一条三款、第十六条，《土地管理法实施条例》第二条五款、第三条、第五条，原国家土地管理局1995年3月11日发布的《确定土地所有权和使用权的若干规定》第二十九条："因原房屋拆除、改建或自然坍塌等原因，已经变更了实际土地使用者的，经依法审核批准，可将土地使用权确定给实际土地使用者；空地及房屋坍塌或拆除后两年以上仍未恢复使用的土地，由当地县级以上人民政府收回土地使用权"，经研究决定争议地使用权归陈某。

本决定送达后张某不服，提出诉讼，县人民法院依照《中华人民共和国行政诉讼法》第五十四条（一）项之规定，判决维持县国土资源局代政府作出的土地权属争议处理决定。

县人民法院将判决送达后，张某仍然不服，又继续上诉到市中级人民法院，市中级人民法院依照《中华人民共和国行政诉讼法》第六十一条（一）项的规定，"人民法院审理上诉案件，按照下列情形，分别处理：（一）原判决认定事实清楚，适用法律、法规正确的，判决驳回上诉，维持原判；……”决定驳回张某上诉，维持原判。本判决为终审判决。

四、案例评析

本案判案依据为《确定土地所有权和使用权的若干规定》第二十九条，理由不再补充。除二十九条外，本案的关键在于如何理解该规定的第二十八条。第二十八条规定：“土地公有制之前，通过购买房屋或土地及租赁土地方式使用私有的土地，土地转为国有后迄今仍继续使用的，可确定现使用者国有土地使用权。”理解这一条要注意以下几点：①土地私有是在公有制之前形成的，在公有制之后，不会存在土地归私人所有的问题；②土地私有的原因包括购买房屋或土地及租赁土地等方式。具体来说，这里指的是建房用地，如果是农业用地，经过土地改革，已经归属于农民集体所有；③迄今仍然要继续使用。在这里不管使用人是不是原来的私有主或者私有主的继承人或者从私有业主那里通过购买取得房屋所有权的人，总之，只要是从原私有权人那里合法得来的，都在保护之列。但是，必须强调的是，之所以保护房屋所有人的这种土地使用权，是因为：我国虽然土地公有，但是，房屋却是私有的，对公民私有的房屋所有权不得不予以保护。而要保护房屋所有权，对房屋原来合法使用的土地权利就不能予以剥夺。所以，我国对城市私房土地使用权的保护是对房屋所有权保护的一种必然要求，如果土地上没有房屋，而仅仅是解放前购买的宅基地，或者虽然以前建有房屋，但房屋坍塌、拆除后空置的，都不存在因保护私有房产而不得不保护土地使用权的问题，这种情况下的土地都随着城市土地收归国有，个人也不再享有任何权利。本案中，张某宅基地上并无房屋，虽然宅基地解放前属于私有，但解放后随着宪法宣布城市土地归属国有，原有私人的宅基地都已经变成了国有土地，也就没有任何理由主张土地权利。

32. 如何确定城市私人原有土地使用权所及范围的界线

一、争议当事人

申 请 人：魏某

被申请人：王某

二、争议的基本情况

争议地就是魏某的南大门外被王某修建所占用的土地。争议地原为魏某祖上忍堂于“中华民国”25 年从聂某处购买的一块空地。解放后，原土地所有权人未向人民政府申报登记过该土地，也未取得政府发给的土地所有权证（包括房地产所有权证）。王某于 1970 年 5 月，经县城关镇革委会和县房产管理所批准“在人民路东尉家门口有空地一块新修房子三间”。尉家有东尉家门口和西尉家门口，此批复以“人民路东”为参照物，魏某家门口距“人民路东”最近的是魏某家南门口西侧，即王某所修住宅。1986 年 4 月经县市政管理所批准同意原基翻修。当时王某的院落北墙距魏某家南房 0.36 米；1986 年 4 月县市政管理所批准原基翻修时，王某的北墙距魏某家南房 1.0 米，便于水路通行。经过翻修，现状占地面积 153.38 平方米。

魏某认为其祖上买到米粮市顶 13 号院房产，连带大门外南影壁一座（影壁已于“文化大革命”期间拆除），影壁以南连带空地一块，这块空地连同房产院落一并视为自己的宅基地，请求依法尽快给予办理国有土地使用权权属证书。并称王某 1970 年的批复应在东尉家门口，而不是现在的西尉家门口西侧，故王某违背了批复精神，影响了其水路，认为王某侵占了合法的宅基地使用权。

王某认为如果以“人民路，东尉家门口”来理解，东尉家门口在魏某家北侧靠东，距人民路甚远，就不能以人民路为参照物。因此其本人应拥有该地房产院落的国有土地使用权。

1986 年 4 月，王某在原基地上翻修三间东房时，被魏某家阻挡，产生纠纷。魏某家将王某上诉至人民法院，人民法院作出通知，判决认为王某现住宅基地是经过房管所批准的，与批复是吻合的，人的出行不存在问题，水路由王某翻修时将北墙向南移 64 厘米，留够 1 米，并行通水路。1997 年原市人民政府 7 号文件注销了“国有土地使用证”，其原因是王在办证前曾隐瞒与邻居因宅基地有纠纷的事实，索取了乡人民政府与实际不符的有关证明。并明确指出待土地使用权纠纷解决之后，再持有关有效证明重新核实用地面积予以办理国有土地使用证。

1998 年 3 月，魏某家向中级人民法院申请再审，原地区中级人民法院认为人民法院无权指定和审批地基及水路的走向，所以撤销了上述两个判决。但是再审查明的事实与一、二审认定的事实相一致，还是明确认为王某修建住宅是经过审批的，位置是确定的。

三、处理意见及适用法律法规

根据 1956 年中共中央批转中央书记处第二办公室《关于目前城市私有房产基本情况及进行社会主义改造的意见》及原国家土地管理局《确定土地所有权和使用权的若干规定》第二十六条、第二十七条、第二十八条、第五十八条之规定，提出处理意见为：王某具有该争议地的国有土地使用权，魏某不具有魏某家南大门外国有土地的使用权；根据市政府的处理决定办理各自的国土使用证，通行、通水问题按照有关规定处理。

四、案例评析

此案涉及的是，如何界定城市原有私人土地使用权的范围。根据《确定土地所有权和使用权的若干规定》第二十八条之规定，原城市私有土地在转为国有后，其房屋占用范围内土地使用权依然受法律保护。但是，怎么理解“房屋占用范围内”呢？编者认为，房屋占用范围的土地是指房屋地基占用范围的土地，以及封闭院落内的院内土地部分。至于房屋地基以外，或者封闭院落以外的部分，不能确定土地使用权，如果其他土地使用权人影响了自己房屋的使用，例如通风、采光、过水、通行等，可以按相邻关系侵权起诉要求法院解决。

33. 因原房屋拆除、改建或自然坍塌等原因，已经变更了实际土地使用者的，经依法审核批准，可将土地使用权确定给实际土地使用者

一、争议当事人

申 请 人：王某

被申请人：李某

二、争议的基本情况

争议地为市某大街面积 54.6 平方米的土地。王某于 2000 年 10 月向当地市国土资源局申请领取位于市某街 83.42 平方米的祖上遗留宅基地使用权。经地籍调查发现，在其申请领取的 83.42 平方米土地使用权范围内，其中有 54.6 平方米已被李某实际使用了 30 年以上。剩余的 28.82 平方米王某一直没有实际使用（遗留的两间小屋原由其母亲居住）。究其缘由，被李某使用的宅基地部分原为王某祖上所留的城市空闲地，从 1959 年开始，逐步被李某占用。直到 60 年代末期，被李某实际占用了 54.6 平方米。

王某认为，依据光绪 25 年分家书和 1954 年原市人民政府颁发的买卖契纸，充分证明该宅基地属祖上遗留，李某属非法占用。要求政府将占用的部分交还其本人。李某认为，在 60 年代，土地

使用权向来无法可依，街道主任批准了建房就是合法的，已实际居住40余年的房屋按“地随房走”的原则应确定给自己使用。

三．处理意见及适用法律法规

依据国家《确定土地所有权和使用权的若干规定》第二十九条“因原房屋拆除，改建或自然坍塌等原因，已经变更了实际土地使用者的，经依法审核批准，可将土地使用权确定给实际土地使用者”的规定，对王某的请求不予支持。

四、案例评析

本案涉及到《确定土地所有权和使用权的若干规定》二十八条、二十九条两个条款的适用。因为王某的祖传宅基地分为两部分：一部分是本来建有房屋，后来废弃的；一部分本来就是空地的。对于前者，可以视为对国有土地使用权的抛弃，国有土地使用权消灭，现在的使用者在经过有关部门的同意后在该土地上建房的，是国家在该宗土地上为他人重新设定国有土地使用权。现使用人依法应该受到法律的保护。对此，二十九条做了明确规定。对于后者，空地一直没有使用的，由于所有权被收归国有，当事人又没有现实的使用，所以，也不存在根据二十八条对事实上因使用国有土地而承认其国有土地使用权的问题。总之，对前者也好，对后者也好，都已经不存在国有土地使用权，王某的权利主张因此是没有法律依据的。

34. 公私合营企业用地，土地使用权归国家

一、争议当事人

申 请 人：某生活资料总公司

被申请人：刘某

二、争议的基本情况

1956年，根据国家公房改造和公私合营的政策，刘某的父亲（已故）将某路长12米、宽8米的正房门面折价1 800元投资入股给了原县商业局土产经营部。1972年，刘家下放农村，市生活资料公司扩建仓库占用了正房后面的20多平方米的"厢房天井"。1973年6月，土产经营部分为县土产公司和县日杂公司，该路门市部划归县日杂公司，也就是现在的市生活资料总公司四门市部。1975年，由于县麻类产品的发展，土产公司又派生出麻类公司。刘某的1 800元股金划拨到麻类公司，他也成了麻类公司的职工。1979年刘家返城，多次要求市生活资料公司退还多占的土地，争议未果。1987年全国土地详查时，该门市部由市土地管理局核实发证，包括仓库用地面积共119平方米。1998年，市房地产局为该宗地房产核发《房屋所有权证》。1998年5月31日，门市部在原址进行改建，刘某以该房地产属于他家祖籍为由，阻止生活资料总公司施工，并要求收回房产和土地使用权，双方协商未果。市生活资料总公司于11月25日向市土地管理局申请解决土地权属争议，保护其合法的土地使用权。

三、处理意见及适用法律法规

最高人民法院1984年8月30日《关于贯彻执行民事政策法律若干问题的意见》第六部分"房屋问题"第五十四条规定："对强占或损坏公私合营时已入股房屋的，应责令其迁出或赔偿。"当地省高级人民法院《关于毕某与市土产公司房屋纠纷一案的请求报告》及最高人民法院批复中指出："公私合营是国家对私人资产的一种赎买政策，合营结束产权发生转移，不存在什么往回退的问题。"当地相关文件第三条规定："土地在一九五八年《国家建设征用土地办法》公布前占用的，在查明情况后，承认其土地使用权，明确所有权，补发土地使用证。一九五八年《国家建设征用土地办法》公布后到一九八二年五月十四日《国家建设征用土地条例》公布，所占用土地，只要双方达成了用地的补偿协议，原协议有效，可补发土地使用证。”

根据市生活资料总公司四门市部房屋用地的历史和现状，遵照上述法律、法规和文件的规定，双方争议的土地所有权属国家所有，土地使用权属市生活资料总公司，刘某要求收回某房产用地，没有法律依据。但刘某可以请求退回股金，市供销社或市生活资料总公司应视原房产的具体情况，对刘某给予适当补偿。退回股金和适当补偿与土地使用权无关，由双方当事人协商解决或依法解决。

四、案例评析

市生活资料总公司与刘某土地权属争议的核心就是1956年公私合营时房产投资入股问题。原国家土地管理局《确定土地所有权和使用权的若干规定》第二十七条规定：“土地使用者经国家依法划拨、出让或解放初期接收、沿用或通过依法转让、继承、接收地上建筑物等方式使用国有土地的，可确定其国有土地使用权。”第二十八条规定：“土地公有制之前，通过购买房屋或土地及租赁土地方式使用私有的土地，土地转为国有后迄今仍继续使用的，可确定现使用者国有土地使用权。”但是，对于非封闭院落的天井用地，如果院落是公用的，那么，天井用地即使在公有化之前是私有的，也不能确定私人享有使用权。

35. 下属企业改变隶属关系，成为独立法人的，应该享有土地使用权

一、争议的当事人

申 请 人：某沙棉股份有限公司

被申请人：某服装厂

二、争议的基本情况

该争议地原为市郊区某公社（现名称为市经济技术开发区）集体土地，1965年市棉纺织印染厂（现名称为沙棉股份有限公司）因建设需要，征用土地480亩，按当时政策交清征地费用和劳力安置后，市人民委员会下达了《关于棉纺织印染厂筹建处征用土地的批复》，1970年，棉纺织印染厂响应上级号召，在厂区内划出一块土地及部分房屋，组织工人家属组建了市纺织配件服装厂（现名称为某服装厂），主要为该厂加工包装袋及工作服，隶属棉纺织印染厂。1976年12月，当时的市革命委员会办公室将该厂隶属关系划归当时的人民公社（现名称为市区甲街道办事处）管辖，属独立法人单位，土地从1970年起一直由该厂使用至今。1987年进行土地清理时，棉纺织印染厂提供相关的材料向土地部门申请登记，没有提供某服装厂使用其征用土地的情况，土地部门为其核发了土地证。1993年市开展发放土地使用权国有土地使用证，在土地清理和初始土地登记，两次都将其土地使用权确定给了沙棉纺织有限公司。2002年，某服装厂向土地部门申请土地登记，才发现其一直使用的土地已确权给沙棉股份有限公司，因此形成土地权属争议。

三、处理意见及适用法律法规

根据《确定土地所有权和使用权的若干规定》第二十六条“土地使用权确定给直接使用土地的具有法人资格的单位或个人。”第三十五条“原由铁路、公路、电力、军队及其他单位和个人使用的土地，1982年5月《国家建设征用土地条例》公布之前，已经转由其他单位或个人使用的，除按国家法律和政策应当退还的外，其国有土地使用权可确定给实际土地使用者。”的规定，争议土地的国有土地使用权归被申请人，对申请人颁发的国有土地使用证予以注销。

四、案例评析

本案的核心问题在于企业分立后土地使用权的处理。某服装厂的前身属于沙棉股份有限公司前身的下属企业，其厂房、土地均为后者所提供，形成了投资和隶属关系。后来，服装厂（纺织配件服装厂）改变了隶属关系，脱离了沙棉股份的管辖，成为独立法人。这里实际上是沙棉股份（棉纺织印染厂）的一次资产分割，分割后的企业当然享有其所占用范围内的土地使用权。原有的土地使用权经过分割被归到两个企业名下，各自均可以对自己占有部分的土地使用权单独登记确权，享有独立的权利。处理这类问题的关键应做好两个方面的工作：①界定改变隶属关系的有效性，保证分割的合法性；②根据《确定土地所有权和使用权的若干规定》第二十六条、第三十五条的规定，确定国有土地使用权的归属。

36. 解放前城市内的私有墓葬坟地在土地公有制之后，不再享有土地使用权

一、争议当事人

申 请 人：甲村村民委员会

被申请人：沈某 陈某

二、争议的基本情况

该宗地位于乙镇某路东侧，在乙镇区区域范围内，属国有土地。1977 年以前为坟地，1977 年，原公社党委研究决定，在原乙镇甲大队（现甲村）所属十四、十五生产小队专为堆放柴草使用的草场上新建镇供销社门市部，将甲大队十四、十五生产小队的草场调整到争议地处使用，并由镇供销社补贴甲大队平整争议土地的费用。该公社革委会并于 1977 年 9 月 27 日发出了“迁坟启事”，希望墓主于当年 10 月 10 日前到甲大队办理登记手续，过期则作无主坟和无主树木处理。该地上的大多群众均按期迁

坟，并领取到部分补偿费用。1999 年 7 月 22 日，甲村村民委员会申请该宗地土地登记。沈某、陈某于同年 8 月 23 日提出书面的土地使用权登记异议，认为：该地是上诉人的祖辈于清朝乾隆四十年农历一月初十购买姜姓所获得的，并作为祖辈以来的沈氏家族的墓葬坟地使用至今，因而拥有土地使用权。

三、处理意见及适用法律法规

根据法律法规：《中华人民共和国土地改革法》第 30 条，《中华人民共和国土地管理法》第八条第一款、第二款，《土地管理法实施细则》第二条，《城市规划法》第三条：“本法所称城市，是指国家按行政建制设立的直辖市、市、镇。本法所称城市规划区、近郊区以及城市行政区域内因城市建设和发展需要实行规划控制的区域，城市规划区的具体范围，由城市人民政府在编制的城市总体规划中划定”，原国家土地管理局《确定土地所有权和使用权的若干规定》第三条、第四条、第十六条、第三十五条。国土部门认为土地权属性质为国有土地使用权，土地使用者是甲村民委员会。

当地市人民政府于 1999 年 12 月 21 日向甲村颁发了《中华人民共和国国有土地使用证》。该案经历了行政复议与行政诉讼，2000 年 4 月 5 日，沈某、陈某向上级市人民政府申请行政复议，2000 年 5 月 18 日上级市人民政府作出行政复议决定书，维持原市人民政府原具体行政行为，当事人沈某、陈某不服，向市人民法院提出一审行政诉讼。2000 年 8 月 8 日，市人民法院作出驳回原告沈某、陈某的诉讼请求的判决。

原告沈某、陈某因不服此判决，向市中级人民法院提出上诉，2000 年 9 月 21 日市中级人民法院作出终审判决：驳回上诉，维持原判。

四、案例评析

本案的关键问题在于，解放前私人享有所有权的墓葬用地在土地公有制后，是否继续享有使用权。根据我国的法律和有关政策，农村土地公有制后，个人在原来的私有土地上继续享有的只有建设用地使用权（宅基地使用权）。而对于墓葬用地，并不在保护之列。而且，政府长期以来推行墓葬改革，殡葬实施集中管理，更不可能承认解放前的私人的墓地使用权。所以，当事人以该用地是解放前购买的私人土地为由，主张权利是没有法律依据的。

37. 经批准和按照规定在土地使用范围内，建设的服务于生产、生活的设施用地，权属结合具体情况调解处理

一、争议当事人

申 请 人：某柴油机厂

被申请人：某百货公司

二、争议的基本情况

某柴油机厂始建于20世纪50年代初，并经批准使用土地。60年代初，为了方便居民生活，经厂方同意，政府安排市百货公司在甲地区设置甲商店，使用的房屋有租用柴油机厂的，有陆续自建的。现在柴油机厂提出市百货公司甲商店使用该厂的土地应予归还。市百货公司认为：其使用的土地是经过柴油机厂同意，并已经使用多年，是由历史原因造成的，土地使用权理应确权给本单位使用。

三、处理意见及适用法律法规

根据《确定土地所有权和使用权的若干规定》第三十四条“驻机关、企事业单位内的行政管理和服务性单位，经政府批准使用的土地，可以由土地管理部门商被驻单位规定土地的用途和其他限制条件后分别确定实际土地使用者的土地使用权。但租用

房屋的除外。”的规定，调解意见为：①被申请人占用申请人土地范围内所建平房由申请人拆除，残值归被申请人，土地使用权仍属申请人，被申请人的职工在拆迁安置时按照申请人的职工对待；②争议范围内的商住一号楼底层面积579.95平方米房屋产权归市百货公司所有（不得改变主体结构和用途），申请人在办理城镇住房用地分割登记时被申请人领取该房屋产权的分割登记土地证。争议双方在上述调解意见的基础上达成了一致，并签订协议。

四、案例评析

该类型土地权属争议形成的背景是：由于60年代土地法律不健全，当地政府为了服务于人民，根据实际情况为企业的生产和生活提供方便，在企事业单位内设置行政管理和服务性单位，属平调企业资产。随着土地法律的不断健全，人们对土地法律意识的不断提高，导致土地权属争议。调处此类争议，土地管理部门应根据有关法律法规，按照实际情况给予土地使用权调整和适当房屋补偿的方法调解解决。处理这类争议的关键是依据《确定土地所有权和使用权的若干规定》第三十四条的规定，提出双方都可接受的处理意见，供双方协商解决。这类争议普遍存在于国有大中型企业用地（征地）范围内，处理的难点在于：①企业认为原征地批准文件明确由其使用，不想丧失这部分土地的使用权；②生产、生活服务设施批准建设的手续不全，甚至没有批准手续，企业对其使用状况不认可；③原生产、生活服务设施的建设单位，进行企业改制或者改革，土地作为重要的资产收益较大，企业认为受益方不应是建设单位，而应是本企业；④生产、生活服务设施占有的土地较多，全部按使用现状确定土地权利，企业损失太大，不愿接受。因此，这类土地权属问题应根据《确定土地所有权和使用权的若干规定》第三十四条的规定进行协商处理，协商不成的，根据《确定土地所有权和使用权的若干规定》第三十五条的规定确定使用权。

38. 共用宗地可确定共有使用权

一、争议当事人

申 请 人：某省农业生产资料有限公司

被申请人：某市农业生产资料公司

二、争议的基本情况

1976 年 8 月 11 日，全国供销合作总社批复同意省供销合作社新建甲化肥仓库。1976 年 10 月 6 日甲县革命委员会生产指挥部民政科给“甲化肥仓库”下发了关于征地 174 亩的批复。之后，由省农业生产资料总公司进行建设，1979 年完工。1982 年 8 月 18 日因内部管理需要，省农业生产资料公司与地区农业生产资料公司签订仓库移交协议书。1993 年 11 月 18 日，原市土地管理局依据原县革委会生产指挥部民政科关于征地批复的通知为地区农业生产资料公司进行了土地登记，核发了《国有土地使用证》，登记的用地面积为 94 541.45 平方米，建设项目为仓库。1999 年 12 月 21 日，现市土地管理局在土地证书年检中为市（原地区）农业生产资料公司换发了《国有土地使用证》。

2001 年 11 月，省农业生产资料总公司认为将土地确权登记给市农业生产资料公司是错误的，并提出变更登记申请，请求将该宗土地变更为省公司使用。理由依据是：1976 年的征地单位是甲化肥仓库，之后，省公司以“省农业生产资料公司的甲仓库”名义进行建设并完工。1982 年 8 月签订的“甲仓库移交协议书”中明确省公司保留该仓库所有权。该市国土资源局依法对省公司的申请和市公司的意见以及全部用地文件进行了认真审查，并多次调解。在对省、市两家公司土地使用面积的具体分割上，几经反复，未能达成协议。经查明：省公司提出的申请真实有据。1976 年征用该宗土地的单位确属省公司。两单位于 1982 年 8 月 18 日签订的甲仓库移交协议书在土地使用问题上明确约定共同使用，未进行分割，并且该宗地上目前还有属于省公司的仓库、住宅楼等建筑物。省公司自 1976 年至今一直将该地用于生活、经营。

三、处理意见及适用法律法规

根据征地的历史文件、甲仓库移交协议书及有关证明资料，考虑到两单位暂时不能达成土地分割使用协议和实际是两单位在共同使用该宗地的现实情况，依照《确定土地所有权和使用权的若干规定》第五十三条、《土地登记规则》第七十一条："土地登记后，发现错登或者漏登的，土地管理部门应当办理更正登记；利害关系人也可以申请更正登记。"和原河北省土地管理局《关于因发证失误需注销土地证书应采取何种文书的批复》的规定，2003 年 4 月 15 日，市国土资源局以市人民政府名义作出了土地登记更正通知书：①注销为市农业生产资料公司进行的土地登记，收回《国有土地使用证》；②维持该宗地当前使用状况，变更为市农业生产资料公司和省农业生产资料总公司共同使用；③两单位可就该宗地的使用权分割问题继续进行协商，待达成协议并经土地主管部门确认后，可分别进行登记发证，确认各自的土地使用权。市农业生产资料公司对该通知不服，于 2003 年 6 月 26 日向省人民政府提起行政复议，要求撤销该通知。2003 年 8 月 6 日，市农业生产资料公司向省政府递交了《撤回行政复议申请》，行政复议终止。目前，当地市国土资源局已对该宗地进行了共用宗地注册登记，该案妥善解决。

四、案例评析

此类案件的发生，多因为两个或多个单位多年来共同使用一宗地，且土地面积不易分割，加之单位人员变动可能不了解当初用地取得情况，或一方因法律意识淡薄过多考虑自身利益而忽视他人权益形成的。国土资源部门应本着"尊重历史、面对现实、依法处理”的原则调处此类案件，最大限度地保证当事人的权益。从本案看，该宗地原征地者是省公司，1982 年 8 月省、市公司双方签订了“甲仓库移交协议书”，约定由双方共同使用。应当讲，共用宗地的特征比较明显。原市土地管理局仅凭一家申请即注册登记，核发土地使用权证书属错误登记，应予以更正。现市国土资源局以市政府名义注销该市公司土地登记，并按共用宗地为省、市两家公司办理共用宗地登记是正确的。

39. 共有土地使用权可以在共有使用人之间分摊

一、争议当事人

申 请 人：赵某

被申请人：李某

二、争议的基本情况

申请人与被申请人为邻居，中间有 96 平方米的共用道。申请人的住宅建于 1979 年，被申请人的住宅建于 1985 年，两家均未到土地行政主管部门办理确权登记手续。2002 年 7 月申请人将原土房拆除，准备在原地基上向西扩建面积 70 平方米，新建一栋砖木结构的房屋。在建房过程中，被申请人多次阻止申请人施工，双方就两家之间共用面积 96 平方米归属问题发生了争议。

申请人诉称，96 平方米的土地使用权应归自己所有，被申请人 1985 年建房前，申请人曾对被申请人说明过，因无力扩建住房，此用地便为两家共用道，现申请人因新建房需要扩建 70 平方米，被申请人阻止申请人使用，请求当地国土资源局确定 96 平方米土地使用权的归属。

被申请人诉称，96 平方米用地一直就是自己与申请人共同使用，使用权不应该归申请人所有，自己应与申请人共同分摊使用权。双方争议不下，要求国土资源局给予确权。

三、处理意见及适用法律法规

当地国土资源局受理此土地权属纠纷案件，到现场调查后，认为：因申请人拿不出 96 平方米土地使用权的有效证明，又基于申请人和被申请人共同使用十几年的事实，根据《确定土地所有权和使用权的若干规定》第五十三条的规定，裁定如下：

（1）双方应分摊 96 平方米的使用权，申请人和被申请人分别拥有 56 平方米和 40 平方米的土地使用权。

（2）责令申请人和被申请人在 10 日内立即到当地国土资源局分别办理土地确权登记手续。

双方对以上裁定均没有异议。

四、案例评析

本类案件在农村较为普遍，邻里多为共用通道（在农村有的地方称之为“伙道”）的归属发生争议，而且多为一方扩建引起纠纷。对此类案件的处理应着重考虑历史形成的现实。在双方均未进行土地登记或均提供不出有效证据的情况下，保持共用性质不变。在具体处理方式上，或由双方按一定比例分割使用权，或维持原状，共用面积不进行分割，也不确定归属，而由双方共同使用。《确定土地所有权和使用权的若干规定》第五十三条规定：“一宗地由两个以上单位或个人共同使用的，可确定共有土地使用权。共有土地使用权可以在共有使用人之间分摊。”当地国土局的处理是适当的。处理此类案件要注意以下几个问题：

（1）本宗地是否具有共有使用的事实，本案中双方共同使用该道路已达 18 年，共有事实成立。

（2）本宗地争议双方都没有确定土地使用权，没有证明己方拥有该土地使用权，如果该地使用权原属一方所拥有，由于历史原因另一方在其上通行形成的共用事实，则当作他论。

（3）还要参照《确定土地所有权和使用权的若干规定》第五

十一条的规定，计算翻建后的宅基地面积是否符合省、自治区、直辖市规定的标准，对宅基地面积超出部分不应确权。

40. 违法用地引发的国有土地使用权纠纷

一、争议当事人

申 请 人：某兽医实验诊断所

被申请人：建工集团某房地产开发经营部

二、争议的基本情况

兽医实验诊断所是市农业局下属的事业单位，1964 年成立时，经市规委批准划拨土地 4 950 平方米归其使用，但其实际使用土地面积为 8 850 平方米。其超面积使用的土地原为甲乡二队的集体土地，曾与原二队签有长期使用协议，并给予了经济补偿。

1989 年经市政府批准，建工集团房地产开发经营部（原称市建筑工程开发公司）征用二队等农村集体所有土地约 56.94 公顷，用于开发建设小区。同时撤销二队、三队的建制，小区开发建设范围内的全部集体所有土地转变为国有土地。1989 年以后，市兽医实验诊断所继续使用至今，地上没有永久性建筑。市建工集团房地产开发经营部在与市兽医实验诊断所接触中，曾多次提出腾退土地问题未果。2001 年市兽医实验诊断所申请土地登记，产生纠纷。

申请人主张：我所自 1964 年成立在此地已 37 年，超出国家批准使用土地面积 3 000 多平方米与生产队签订过长期使用协议，给过经济补偿，请求承认历史遗留问题，确认其土地使用权。

被申请人辩称：我集团于 1989 年征用二队等单位农村集体

土地开发建设小区。1990 年 2 月市规划管理局颁发了建设用地规划许可证，建设居住区用地范围内全部集体土地转变为国有土地。1990 年 4 月市公安局发文，撤销二队的建制，我集团给予了拆迁补偿并对农转非人口进行妥善安置。因此，除原国有土地外，在征地范围内原集体土地均为我单位建设用地，市兽医实验诊断所多占的土地，应交给我单位使用。

三、处理意见及适用法律法规

市兽医实验诊断所经批准使用的 4 950 平方米土地为划拨性质，有合法的国有土地使用权。该单位超面积使用的 3 000 多平方米土地，原属二队集体所有，1989 年被征用后，依据《确定土地所有权和使用权的若干规定》第六条、第十六条有关规定，属于市建工集团开发建设用地，市兽医实验诊断所不享有合法使用权。

四、案例评析

本案的关键是如何界定市兽医实验诊断所超批示多占土地的所有权归属问题。市兽医实验诊断所超批准面积多占用的集体土地，发生在 1964 年后，至今已 37 年，而且与二队签有长期使用协议，并给予了经济补偿，且二队始终未主张其所有权。虽然未办理征地手续，但按照原国家土地管理局《确定土地所有权和使用权的若干规定》第十六条规定，应属于历史遗留问题，其超批准面积多占土地的所有权应当确认为国有，市兽医实验诊断所拥有使用权。

3

第三部分

集体土地所有权权属争议

41. 不能依法确定给农民集体所有的土地应为国家所有

一、争议当事人

申 请 人：甲村一组

被申请人：甲村二组

二、争议的基本情况

申请人与被申请人双方为位于甲村地名叫大山的土地所有权产生争议，申请人民政府确定该片土地所有权。经查实，争议地面积77.4亩，其中耕地17.5亩（熟地6.2亩，开荒地11.3亩），林地0.3亩，荒地59.6亩。该片土地原系甲村生产队张姓祖业，土改时改给该村生产队谭姓，当时争议范围内只有6.2亩耕地。1956年谭姓带该土地入村生产队。“四固定”时，争议范围内的熟地固定给一组，荒山没有固定。1972年争议地由村大队组织种茶失败后丢荒。至1978年，由于人地矛盾突出，一组的农户先后在争议地范围内开荒种植作物。1981年争议地被一组划给该组农户张某作自留山。

三、处理意见及适用的法律法规

因二组与一组均未提供充分证据证明权属取得的来源，根据1995年5月1日原国家土地管理局颁布的《确定土地所有权和使用权的若干规定》第十八条规定：“土地所有权争议，不能依法证明属于农民集体所有的，属于国家所有”，第十九条规定：“实施《六十条》时确定为集体所有的土地，属农民集体所有。”

对本案县人民政府作如下处理：

（1）争议地范围内6.2亩熟地的所有权属一组所有；其余部

分共71.2亩土地的所有权归国家所有。

(2) 撤销1981年4月18日颁发的自留山证；撤销1998年二组对于争议地范围内属国家所有的71.2亩土地中部分承包经营权。

当事人如不服本处理决定，可在接到本决定之日起60日内向市人民政府申请行政复议。本案现已处理终结，当事人均未申请行政复议，未产生行政诉讼。

四、案例评析

本案当事人双方所争议的土地位于农村，在性质上包括两部分，一部分是耕地，另一部分是荒山。对于位于农村的土地，因其性质的不同其所有权归属也就不同。按照《中华人民共和国宪法》第九条及第十条的规定，荒山等自然资源的所有权原则上归国家所有除非法律另有规定；而耕地等土地的所有权则原则上归集体所有，除非法律另行规定其为国家所有。

本案当事人所争议的一部分是耕地，并且在“四固定”时已经固定给了一组，根据《中华人民共和国民法通则》第七十四条、《中华人民共和国土地管理法》第八条以及原国家土地管理局颁布的《确定土地所有权和使用权的若干规定》第十九条的规定，应当确定给一组所有。对于荒山部分，因其属于自然资源，依据《宪法》、《民法通则》及《土地管理法》的规定，原则上属于国家所有，并且在土改及“四固定”时均未将其确定给集体所有，而争议双方当事人又都不能举出属于自己的证据，针对此情况应当适用原国家土地管理局颁布的《确定土地所有权和使用权的若干规定》第十八条规定：“土地所有权有争议，不能依法证明争议土地属于农民集体所有的，属于国家所有。”据此，双方当事人所争议的荒山部分应当确定为国家所有。

42. 依据1950年《中华人民共和国土地改革法》及有关规定，凡当时没有将土地所有权分配给农民的土地属国家所有；实施1962年《农村人民公社工作条例修正草案》（六十条）未划入农民集体范围内土地属于国家所有

一、争议当事人

申 请 人：甲村6～10组148户村民（以下简称甲方）

被申请人：甲村村民委员会（以下简称乙方）

第 三 人：乡人民政府（以下简称丙方）

二、争议的基本情况

争议土地位于某乡甲村东南方，在甲村行政区域内，总面积为535亩，其中耕地面积为370亩，水面面积为165亩。20世纪60年代的甲村大队由甲方前身——原大队1～4生产队组成，1973年又并五个生产队给甲村大队，原来的1～4生产队调整为现在的6～10组的前身6～10生产队，使该大队由原来的4个生产队增加到10个生产队。争议的535亩土地，60年代前是一片高低不平、苇草丛生、不具备种养殖条件、无人过问的“四荒地”。1963年，由丙方派人带队，组织该大队各生产队人员挖柴根移植于此，每年收获的蒿草芦苇由甲方收割。“文化大革命”期间，乙方前身甲村大队组织该村劳力，在该土地南侧修筑一道防水堤坝，在北侧投资建造了一座提水泵站。1975年，该大队成立村农科队，接收管理该土地，又组织全大队劳力在该土地上开挖了5个鱼塘，并利用挖鱼塘土源，加固了西侧堆堤。1986年底，乡政府组织全乡劳力近万人，历时20天对该土地进行开

发改造，并按“一沟一畦”配置种植池杉。1987 年 7 月乡政府委托该乡多种经营公司与大间村 29 户农户签订了“青年千亩池杉丰产林承包合同”，同年 9 月乡政府拨付给大间村 6～10 组村民约 30 万斤小麦，作为对该地进行开发改造的补偿，但没有签订用地协议书。该土地由于地势低洼，加之管理不善，基本无效益。1995 年，甲村委会相继办理了 370 亩池杉砍伐手续，并由该村委会将该土地中的 370 亩发包给范集村村民范某、程某、陈某种植，至 2000 年三承包户相继退包。2001 年 4 月，甲村委会对该土地进行公开招标，承包金为每年97 000元，承包期限为 6 年。2001 年 5 月，村 6～10 组村民、村民委员会、乡人民政府相继向区人民政府提出申请，要求对该土地的所有权进行确认。申请期间，村 6～10 组村民和村委会都没有提供证据来证明该土地所有权的归属。

三、处理意见及适用法律法规

经调查，1950 年土地改革时，该土地未纳入分配；1962 年实施“六十条”、进行“四固定”时，该土地未登记造册；1983 年、1997 年土地一、二轮承包也未将该土地计算在内。甲村 6～10 组、甲村委会、乡人民政府三方均提供不出该土地所有权归属的有效证明文书。

根据原国家土地管理局颁布的《确定土地所有权和使用权的若干规定》第四条：“依据一九五〇年《中华人民共和国土地改革法》及有关规定，凡当时没有将土地所有权分配给农民的土地属于国家所有；实施一九六二年《农村人民公社工作条例修正草案》（六十条）未划入农民集体范围内的土地属于国家所有。”第十八条：“土地所有权有争议，不能依法证明争议土地属于农民集体所有的，属于国家所有。”区人民政府裁定该争议土地属于国家所有。

四、案例评析

本案属乡、村、组三级集体经济组织之间的土地所有权争议。因历史时间较长，关系复杂，处理起来难度较大，而且处理不当，很容易诱发不稳定因素。从本案的基本情况看，虽然三方提供不出土地所有权归属的有效证明文件，但如果简单地依据原国家土地管理局确权规定，裁定为国家所有，显然有失稳妥。因为这样裁定没有充分考虑到争议土地开发利用的历史和现实：①该争议地在1973年前虽未纳入“土改”和“四固定”，但一直由原村大队1～4生产队使用（割草）；②“文化大革命”期间，原村大队组织全队人员对争议地进行了一定程度的开发；③1986年乡政府组织万余劳力对争议地进行大规模开发，并给原村大队6～10组村民约30万斤小麦，作为对该地进行开发改造的补偿。考虑上述情况，乡政府投入较大，而且已给甲村村民一定补偿，故该争议地的所有权应当归乡农民集体所有，乡政府对甲村大队开发该地的投资投劳给予适当补偿。

43. 土地确权中“分阶段处理原则”在集体土地上的适用

一、争议当事人

申 请 人：甲镇人民政府

被申请人：甲镇某村四组

二、争议的基本情况

甲镇人民政府因县兽药厂北侧土地权属问题与甲村四组（以下简称四组）发生争议。根据申请人的申请，县土地管理局依法受理了此案。

经查：甲镇与四组争议地块位于县兽药厂北侧，经实地测量，争议面积2.27亩。1982年以前是甲镇公社某大队第四生产队的土地。

县兽药厂原为化工厂，始建于1975年左右，是县畜牧局和甲镇公社双重领导的集体企业，1980年更名为县兽药厂。

1982年，由于县兽药厂（以下简称兽药厂）生产中所产生的废料和垃圾无处堆放，兽药厂与第四生产队商量购买现争议地块堆放垃圾。第四生产队在征得大队同意后，与兽药厂进行了协商，口头商订地价630元。参加协商的人员有：大队主任王某、四队队长李某、会计步某、兽药厂厂长崔某、胡某等人。同年2月23日，兽药厂通过信用社转到第四生产队账户土地款200元；5月10日，再次付给第四生产队土地款现金100元。1983年2月2日，兽药厂与某大队第四生产队签订了《倒地合同》，合同标明的四至为：东至从东大墙为界；南至兽药厂墙根；西至兽药厂大墙外2米；北至从墙根算起墙外有8米长度（从墙往北距离），从这算起到大门口西墙为准，再从大门口西墙算起一直通到公路；东至从东墙至北到公路为准。共合亩数2.1亩，合款630元。参加合同签字的双方当事人有：第四生产队队长李某、兽药厂厂长崔某、代笔人吴某（会计）、胡某。兽药厂在合同书中加盖了公章。1983年4月7日，兽药厂一次付清欠第四生产队的土地款330元。在此期间，四组村民李某和南某曾在此地耕种过农作物。此阶段无争议。1999年，兽药厂在该地块建办公室时，与四组发生了土地权属争议。

申请人诉称：我镇兽药厂由于当时生产需要堆放垃圾废料，1982年1月经与大队、四队协商后，征买了四队位于本厂大门东土地一块，面积2.1亩，金额为630元，款已全部付清。1983年2月2日签订协议。该地一直由兽药厂使用至今。其土地所有权应归镇农民集体。申请人提供的证据材料有：《倒地合同》、《付款委托书》、《现金支出凭单》、《借据》。

被申请人辩称：1983年兽药厂与四队签的《倒地合同》，因没有当时大队领导在场，兽药厂厂长和四队会计步某签字也不予以承认；此争议地块自分地至今，一直由本组耕种使用至今；兽药厂没有该地的集体土地使用证。该地的土地所有权应归被申请人所有。被申请人除提供答辩书外，未提交其他证据材料。

三、处理意见及适用法律法规

县土地管理局依法对此案进行调查核实后，根据《土地管理法》第16条之规定，提出了调解意见，但镇政府拒绝调解，请求县政府依法作出处理决定。

(1) 事实认定：证人证言；《倒地合同》；《付款委托书》；《现金支出凭单》；《借据》。

(2) 适用法律、法规：《土地管理法》第十六条；原国家土地管理局《确定土地所有权和使用权的若干规定》第二十三条第二款。

(3) 处理意见："甲镇人民政府与本镇某村四组争议的2.27亩土地所有权归镇农民集体所有。"

县土地管理局提出的处理意见报经当地县人民政府批准后，1999年11月15日，县人民政府发布了《关于甲镇人民政府与本镇某村四组土地权属争议的处理决定》。四组接到处理决定后，在法定期限内，未申请复议也未向人民法院提起行政诉讼。

四、案例评析

本案所涉及的主要问题是：各级农民集体之间通过协议转移土地所有权或集体经济组织之间转移土地所有权的生效条件。依据原国家土地管理局《确定土地所有权和使用权的若干规定》第二十三条第二款的规定："经县、乡（公社）、村（大队）批准或同意，并进行了适当的土地调整或者经过一定补偿的原属于某一级农民集体所有的土地所有权可以转归本集体内部的其他一级农民集体所有。"本案中原属于甲镇某村四组所有的集体土地，经过该村民小组、村（即本案中的大队）以及镇政府三方协商签订了《倒地协议》并进行了相应的补偿，因此该争议的土地所有权应当确定为镇农民集体所有。

但笔者认为，此案适用《确定土地所有权和使用权的若干规定》第二十三条理由不够充分，虽然《确定土地所有权和使用权的若干规定》第二十三条一款第二项规定经县、乡（公社）、村（大队）批准或同意，并进行了适当的土地调整或者经过一定补偿的原属于某一级农民集体所有的土地所有权可以转归本集体内部的其他一级农民集体所有，但是第三款又规定乡（镇）、村办企事业采用上述以外的方式占有的集体土地，或虽采用上述方式，但目前土地利用不合理的，如荒废、闲置等，应将其全部或部分土地退还村或乡农民集体，或按有关规定进行处理。具体说明理由如下：

（1）甲镇某村一直耕种使用争议土地至今的事实，可以认定兽药厂荒废、闲置土地的事实存在。

（2）兽药厂对村集体耕种使用争议土地的行为没有阻止，也可以认为对争议土地全部或部分退还村集体事实成立。

（3）还应对此案的用地批准时间进一步说明，因为引用《确定土地所有权和使用权的若干规定》第二十三条第二款经县、乡（公社）、村（大队）批准或同意，并进行了适当的土地调整或者经过一定补偿的在这条是有时间要求的，其时间段是《六十条》发布起至1982年国务院《村镇建房用地管理条例》（1982年1月发布执行）发布时止。本案例认定1982年2月23日兽药厂通过信用社转到第四生产队账户土地款200元的事实，是在国务院《村镇建房用地管理条例》实施之后，引用《确定土地所有权和使用权的若干规定》第二十三条第二款是不恰当的。

（4）对签订的用地合同的有效性及时间作出相应说明。

综上所述，此案的处理事实调查并不很清楚，法律法规依据适用不够充分。

44. 集体经济组织之间转移土地所有权的生效条件

一、争议当事人

申 请 人：甲镇某村第一村民组

被申请人：甲镇人民政府

二、争议的基本情况

甲镇某村第一村民组以镇办化工厂使用的土地未经征用为由，要求镇人民政府归还土地，双方发生争议。

甲镇某村第一村民组诉称：1974 年，当时的县人民公社因建第二化工厂，占用县人民公社甲大队第一生产队的 7 亩土地，经公社、大队、生产队三方协商，签订了用地协议书。虽然按照协议补偿了三年产量，但由于未办理土地征用手续，土地所有权仍属该村民小组，要求镇政府归还土地。该村第一村民组未提供相关的证据资料。

甲镇人民政府辩称：1974 年占用的 7 亩土地，已由当时的人民公社按照三方协议书的约定补偿了三年的产量，该土地已被镇办企业占用多年，所有权应归镇农民集体经济组织。镇人民政府未提供相关的证据材料。

经查，1974 年，当时的人民公社因建第二化工厂，占用原人民公社甲大队第一生产队的 7 亩土地，经公社、大队、生产队三方协商，签订了用地协议书，并按协议的规定补偿了三年产量。原第二化工厂现已改成某实业公司，用地位置未变，现某实业公司仍属镇办企业。但 7 亩土地的使用手续不够完善，并且没有为甲村第一村民组核减农业税。

三、处理意见和适用法律法规

争议土地归镇农民集体经济组织所有，镇人民政府代表镇农民集体经济组织办理有关用地手续，并按有关规定核减甲镇某村一组相应的农业税。主要依据为《土地管理法》第十三条，《中华人民共和国土地管理法实施条例》第八条，《关于确定土地所有权和使用权的若干规定》第二十三条、第二十四条的规定，参考省人民政府《关于处理非农业建设违法用地问题的通知》第一条、第二条的规定。

某村一组不服，向市人民法院提起诉讼。根据《中华人民共和国行政诉讼法》第五十四条的规定，市法院维持了处理决定。

某村一组不服判决，向市中级人民法院提出上诉。根据《中华人民共和国行政诉讼法》第六十一条的规定，市中级人民法院驳回上诉，维持原判。

四、案例评析

此类土地权属争议发生的特点：村、组农民集体经济组织不了解土地权利转移的有关法律规定，只强调没有征用就不能转移。另外，乡（镇）农民集体所有的土地权利主体不明确，也是造成争议的主要原因，并且直接造成乡（镇）人民政府与农民集体组织的矛盾。

该案双方当事人所争议的土地属于农民集体所有，并未转归国家所有，所以不涉及土地征用的问题，因为土地征用专指国家通过法定程序将农民集体所有的土地转归国家所有的法律制度。因此甲镇某村一组以未经过征用为理由请求确定其为土地所有人的主张是不能得到支持的。

本案当事人所争议的土地原属甲镇某村一组所有，但是根据《土地管理法》第十三条，《中华人民共和国土地管理法实施条例》第八条，《确定土地所有权和使用权的若干规定》第二十三条、第二十四条的规定，农民集体通过签订协议并进行相关的补偿后，可以将土地所有权在同一个集体经济组织内部的三级农民集体（即村民小组、村、乡镇）之间进行调整。本案的双方当事人就土地所有权的调整以及补偿达成了协议，并且双方都按协议履行了自己的义务，因此土地的所有权已经发生了转移。

综上所述，人民政府及两级人民法院的处理是正确的。

45. 农民集体所有的土地在三级所有者（乡—村—组）之间如何划分

一、争议当事人

申 请 人：甲村民组

被申请人：乙村民组

二、争议的基本情况

1987 年 7 月，甲村民组按照村委会的要求，修整由公路通往甲村民组唯一的通道时，与乙村民组发生争议，乙村民组在道路上挖了五条沟，严重影响了道路通行。1998 年 7 月 28 日该甲村民组向市人民政府提出申请，要求确定道路土地所有权和使用权，市人民政府依法进行了审理。

经查，双方争议的道路是由公路通往甲村民组唯一的道路。1984 年以前，该道路位于争议道路的西南侧，此道路经过乙村民组的村庄，因乙村民组农民修建住宅占用部分路面，使该道路通行困难。1984 年秋该村村委会决定将通往甲村民组的道路改在现在的位置，并组织全村四个村民组修建了此路。当时路面宽度为 6 米，道路全长 604 米，占用了乙村民组土地 1.73 亩，形成了通往甲村民组的村级公路。1989 年土地详查时调查此路宽度为 8 米。1998 年 7 月甲村民组按照村委会的要求，修整此路的路面时，与乙村民组发生争议，乙村民组在道路上挖了五条沟，严重影响了道路通行。

甲村民组称：争议的道路属甲村民组，要求市政府确定争议的道路归甲村民组所有。

乙村民组称：争议的道路是1984年本村以义务工的形式在自己已使用的三米宽自用道路上拓宽的，要求申请人恢复原状，补偿损失。

三、处理意见及适用法律法规

根据《中华人民共和国土地管理法》第十三条、原国家土地管理局《确定土地所有权和使用权若干规定》第二十二条和原省土地管理局《关于确定土地权属的规定》第十九条，做出如下处理：通往甲村民组的村级公路长604米、宽6米的土地所有权和使用权归村农民集体。

四、案例评析

本案主要涉及的是集体所有的土地在三级农民集体之间如何划分的问题。农民集体所有的土地，依照法律分别属于村农民集体（原为大队）、乡（镇）（原为人民公社）农民集体和村内两个以上的各农民集体所有三级，农民集体所有的土地如何在三级集体之间划分是一个非常复杂的法律与现实问题。依据《中华人民共和国土地管理法》第十条的规定，集体所有的土地以村一级农民集体所有为原则。也就是说如果没有特殊情形，农民集体所有的土地原则上确定为村一级农民集体所有，如果有特殊情形则可分别确定为村民小组（村内两个以上的农民集体经济组织）或乡（镇）农民集体所有。原国家土地管理局《确定土地所有权和使用权若干规定》第二十二条规定："乡（镇）或村在集体所有的土地上修建并管理的道路、水利设施用地，分别属于乡（镇）或村农民集体所有。"本案当事人所争议的集体土地即为由村集体在集体所有的土地上修建并管理道路的情形，因此无论是根据《土地管理法》的规定还是根据《确定土地所有权和使用权的若干规定》的规定，该土地都应当确定为七间房村农民集体所有。这样各村民小组均有权利使用该土地上所修建的道路通行。

46. 根据《六十条》确定的农民集体土地所有权，由于土地开发、国家征地、集体兴办企事业或者自然灾害等原因进行过土地调整的，按变更后的现状确定集体土地所有权

一、争议当事人

申 请 人：甲村民委员会

被申请人：甲村民组

二、争议的基本情况

某小学建于1984年，其占用土地的前身是甲村大队苗圃地。1973年公社决定建育苗地，经甲村大队及各生产队同意调整土地24.5亩，该村生产队在大队猪场西侧出耕地调给大队做苗圃育苗地。1974—1975年大队山建队又在该地块的北侧坎上卸土垫在坎下的河滩地上，垫地2亩多。1984年经批准大队在原育苗地建小学，批准占用一类耕地面积7.1亩。1987年学校套垒院墙占用大队育苗地及山建队开发的河滩地计9.3亩。

另据调查，原甲村大队猪场西侧有4～5亩土地为当时大队集体所有并使用。河滩南坎上有某生产队通垅耕地1亩左右，大队建苗圃时均为育苗地的一部分。

以上事实均有询问笔录、证人证言、征用土地协议书，县政府批地文件，现场勘测笔录等载卷做证。

甲村民委员会称：甲村原小学占地的前身是甲大队苗圃育苗地。建学校占地已属大队集体所有。现由甲村村民组抢种的原小学北栋校舍北侧的由大队山建队开发的河滩地应归村委会所有、使用。

甲村村民组辩称：大队无偿占用甲村生产队土地两次，第一次是大队苗圃占地 5 亩，大队补地 5 亩。第二次是村建小学后套院墙时多占我村民组 4 亩多地，至今未给补地。该村民组要求使用原属其所有的河滩地。

三、处理意见及适用法律法规

1973 年甲村大队建育苗地，甲村各生产队出地 7～8 亩调整给乙生产队，加上乙生产队本身应出的 2 亩左右地，甲村大队应出地 9～10 亩给大队做育苗地。调整土地前，大队猪场西侧原有土地 4～5 亩为当时大队集体所有。另外大队育苗地当时占用某生产队通垅耕地 1 亩左右（后栋房基以北）。据上述三项，调整土地后大队育苗地应有土地 14～15 亩。事实上，根据县人民政府关于小学建校占地的批复，当时只有 7.1 亩耕地可供建校使用。包括当时大队山建队因垫河滩而开发的土地仅有 9.3 亩。由此表明乙生产队只将甲村四个生产队调整来的耕地的一部分调整给大队做育苗用地，乙生产队本身并未出地。自 1974 年、1975 年大队山建队垫坎下的河滩地，至 1984 年大队建小学，1987 年学校套垒院墙，直至 1998 年 20 多年时间内原甲生产队（现村民组）无任何人对河滩地的所有权和使用权提出任何异议。该小学占地问题已通过调整土地、开发河滩地、占用原大队集体所有的土地方式予以解决，甲村村民组称学校占用的大队山建队开发的河滩地是甲村村民组所有无事实根据。根据《中华人民共和国土地管理法》第十六条，原国家土地管理局《土地权属争议处理暂行办法》第二十一条（二）、（五）、（六）项和《确定土地所有权和使用权的若干规定》第二十条二款（二）、第二十一条、第二十三条一款之规定，处理决定如下：该小学使用土地的集体土地所有权为甲村农民集体所有。

四、案例评析

本案主要涉及的问题是：土地所有权属在各级农民集体之间调整的问题。本案中甲村村民组抢种的原小学北栋校舍北侧的、由大队山建队开发的河滩地，虽然原来属于甲村村民组，但是已经于 1973 年通过调整地协议调整给甲村集体所有，先后由甲村作为育苗地及村学校用地。根据原国家土地管理局《确定土地所有权和使用权的若干规定》第二十三条的规定，本案各当事人所达成的调整地协议是有效的。因此本案当事人争议的土地所有权，应当归属于甲村，并由甲村村民委员会代表该村行使管理权。甲村村民组应当将其抢种的争议土地归还给甲村农民集体所有。

47. 农民集体连续使用其他农民集体所有的土地已满 20 年的，应视为现使用者所有——案例（一）

一、争议当事人

申 请 人：甲村

被申请人：乙村

二、争议的基本情况

乙村、甲村和丙村是某镇下属的三个相邻行政村。1957—1958 年间，在当时大搞兴修水利、增产增收的形势下，甲村与乙村协商，并取得该村同意，使用了乙村辖区内的两块土地，面积分别为 24.7 亩和 13.3 亩，修筑了两个山塘。面积大的叫“直径”山塘，1957 年冬建，1958 年建成使用。面积小的叫“山猪斗”山塘，1957 年冬建，1958 年冬建成使用。在修建两个山塘时，所需劳动力主要由甲村负责，乙村主要提供所需土地。丙村是 1958 年水库移民移居甲村的几个生产队（1978 年从甲村分出），因迁来时忙于建设家园，故当时地方政府未分配修筑山塘的任务。但丙村属下有 80％土地的用水依赖于“直径”山塘。

山塘建成后，三个村的村民一直和睦相处，共同灌溉使用。因山塘所在位置靠近乙村，甲村在修筑两个山塘时曾口头表过态，由乙村负责山塘的管理，并在保证灌溉用水的前提下，同意乙村放养鲜鱼，所得收益亦归乙村。1986 年三个行政村的上级政府柏塘区公所，为了加强对山塘的管理，以养鱼与蓄水灌溉的矛盾难以解决为由，作出了"'直径'、'山猪斗'两个山塘养鱼、灌溉和其他管理权，从 1986 年 4 月 15 日起归甲村所有"的决议。1998 年间，因两山塘的水面养殖发包权问题引起争议，当地镇政府于 1998 年 3 月 10 日和 3 月 13 日作出处理意见，均维持 1986 年区公所的决议。乙村不服，书面向省政府、县政府投诉，提出要求撤销区公所 1986 年 4 月 14 日的决议，恢复其对两个山塘的管理权。与此同时，丙村亦向县政府提出，应得到"直径"山塘的使用权，确保农业灌溉。

三、处理意见及适用法律法规

"直径"、"山猪斗"两个山塘建于 1957 年，根据 1956 年 6 月 30 日第一届全国人民代表大会第三次会议通过的《高级农业生产合作社示范章程》第二条规定，社员所有的土地作为主要生产资料转为合作社集体所有。故建山塘时其土地已收为甲村高级社集体，不属于当时的自然村集体。两个山塘建成后，灌溉受益一直是甲村、乙村、丙村下的村民小组水田。1962 年"四固定"时，两个山塘有否确权哪个生产队或生产大队，各方均无法提供充分依据加以认定。两个山塘的修建其主要目的是解决农田灌溉，三个行政村的村民已共同连续使用两个山塘几十年。根据 1995 年 3 月 11 日原国家土地管理局发布的《确定土地所有权和使用权的若干规定》第二十一条、第二十二条之规定，撤销区公所 1986 年作出的两个山塘的所有权、使用权只归甲村的决议。重申明确"直径"山塘的所有权和使用权为三个村共同所有；"山猪斗"山塘的所有权和使用权为甲、乙两村共同所有。县政府作出上述裁决后，甲村不服，先后向当地市人民政府申请复议和县人民法院起诉，市人民政府及县人民法院均维持县人民政府的处理决定。

四、案例评析

本案涉及三个行政村，时间长达15年，属于历史遗留问题。土地行政主管部门在处理这类土地权属案件时，应本着尊重历史、承认现实、合理合法的原则，在查清事实的基础上，依照我国有关的法律、法规和政策来解决。由于历史原因，新中国成立后，我国的土地权属经历了土地改革、互助组、合作化、人民公社等复杂的演变过程，加上人们的土地权属意识淡薄，导致土地权属出现了混乱。为此，中共中央1962年9月颁布了《农村人民公社工作条例》（简称《六十条》），其第二十一条规定："生产队范围内的土地都归生产队所有。"这是《六十条》的主要内容之一，也是国家在土地管理方面的一次政策性确权。生产队范围内的土地就是指生产队当时实际占有、支配、使用、管理、收益的土地，固定给生产队所有，长期不变。区公所、镇政府在处理该案时没有充分考虑尊重历史，承认现实，合理合法的原则，导致纠纷不断升级。在处理该案问题时，还应从有利满足农田灌溉（即当时修筑山塘主要目的）等角度出发。这样处理既尊重了历史，又照顾了现实，做到了合情合理。

48. 农民集体连续使用其他农民集体所有的土地已满20年的，应视为现使用者所有——案例（二）

一、争议当事人

申 请 人：甲乡某村民委员会一、二村民小组。

被申请人：乙镇某村民委员会。

二、争议的基本情况

2001年8月初，申请人向本市人民政府提交了申请书，要求“依法确认甲乡19段内土地所有权属申请人所有”。

申请人认为19段51、52号地处一个面积约7亩的鱼塘及相邻的部分土地属申请人所有，其依据是，1964年《土地清册》记载表明这些土地属申请人，且历年申请人都是按照《土地清册》缴农业税，这些土地是1966年割“资本主义尾巴”时，被被申请人非法占有的。

被申请人称其前身是1966年经批准合法成立的蔬菜大队，成员由城南、城西的专业菜队和城南五小队及城南其他小队部分社员组成，当时城南五小队的社员连人带地进入蔬菜大队。双方争议的土地就是当时连人带地进入蔬菜大队的。被申请人不仅缴纳了这些土地的农业税，而且从1966年起就合法占有使用至今。鱼塘在1990年经乙镇镇政府批准，由被申请人在荒滩上开发管理使用至今。

申请人提供了书证四份：①1964年土地丘册；②缴农业税的证明；③鱼鳞图；④1964年土地清册。

被申请人提供书证四份：①1966年6月中共城关公社委员会向县委申请的《关于成立蔬菜大队的报告》；②1970年10月，原县城关公社革委会批示同意成立蔬菜大队批文；③缴纳农业税证明；④1964年《土地清册》；⑤开发鱼塘的报告。

三、处理意见及适用法律法规

经过调查收集证据及有关解决土地权属争议的法律、法规、规章的规定，作出如下处理决定：

（1）鱼塘的土地所有权属国有。

（2）鱼塘周边争议所指向的土地，属乙村所有。

主要依据为原国家土地管理局《确定土地所有权和使用权的若干规定》的第三章第二十条和第二十一条的规定。

四、案例评析

这起土地权属争议案件，属于历史遗留问题。在处理这起案件时，应本着尊重历史，承认现实，合理、合法的原则，在查清事实的基础上，依照有关的法律、法规和政策来解决。

由于历史的原因，社队管理体制发生了多次的变化，现在的乙镇和甲乡是由原来的某公社分支出来，相邻土地多，“插花地”多，争议地就是“插花地”，这是造成争议的客观原因。被申请人系由1966年合法组建而来的，成员由城南、城西的部分社员连人带地组建而成的，争议的部分土地也在其中。双方争议的鱼塘附近的土地，是1966年由蔬菜大队的社员连人带地带入并且耕种至今。原国家土地管理局《确定土地所有权和使用权的若干规定》的第三章第二十条规定：“由于村、队、社、场合并或分割等管理体制的变化而引起所有权变更的，按变更后的现状，确定集体土地所有权。”第二十一条规定：“农民集体连续使用其他农民集体所有的土地已满20年的，应视为现使用者所有。”根据以上两条规定，争议土地应确认为被申请人所有。

49. 农民集体连续使用其他农民集体所有的土地已满20年的，应视为现使用者所有——案例（三）

一、争议当事人

申 请 人：甲村

被申请人：乙村

二、争议的基本情况

甲村与乙村相邻，甲村以乙村耕种的1.98亩土地为申家老坟地为由，要求乙村归还土地。

甲村诉称：乙村抢种的1.98亩耕地自古以来都是该村申家坟地，1953年土改时划给该村席某耕种，后被乙村抢种至今，多次讨要未果，现要求政府确定所有权。甲村主张权利的理由和依据主要是土改时席某的土地房产所有权证书。

乙村辩称：有争议的1.98亩耕地从1962年一直耕种至今，该村应拥有所有权。乙村的理由和依据主要是土地划分和“四固定”的有关资料。

经查，两村争议的1.98亩耕地，解放前确是甲村申家祖坟，土地改革时，甲村席某领有土地房产所有证，当时的状况为坟丘约占1.5亩，坟圈地0.48亩，共计1.98亩。人民公社化时期，甲、乙等村改变过建制，划分过方田，由于当时是大集体，对耕地不够重视，致使0.48亩坟圈地被撂荒。“四固定”时，0.48亩坟圈地被固定给乙村集体所有。1967年移风易俗平坟扩耕时，乙村平掉1.5亩坟丘及0.48亩坟圈地耕种至今，土地利用现状调查时，两村达成权属协议，并无争议。

争议发生后，当地镇党委、镇政府非常重视，经过调查后，以甲村土改时拥有土地房产所有权为依据，决定将1.98亩土地的集体土地所有权确定给甲村，乙村群众不服此处理决定，多次围堵镇政府。

经过调查，并根据法律规定认定该镇政府的原处理决定，超越行政职权，无法律依据，属无效决定。

三、处理意见和适用法律法规

争议的1.98亩土地，所有权应归乙村。主要依据为查明的事实和《土地管理法》第十六条、《当地省实施〈土地管理法〉办法》第十三条、《确定土地所有权和使用权的若干规定》第二十一条的规定。对处理决定甲村群众表示不复议、不上诉。

四、案例评析

本案争议的发生是由于解放后我国土地所有权属经过土地改革、“四固定”等多次变更所引起的。在土地改革时将土地的所有权确定给一个农民集体，在“四固定”时又将其确定给另一个农民集体所有，这样就会使各农民集体都认为自己是土地的真正所有人。当时由于政治运动的原因各农民集体尚未发生争议，但改革开放以后，土地作为重要资源的地位逐渐体现出来，随之原来隐而不现的争议就凸现出来。

解决本案的关键在于确定土改时期法律规定（即《土地改革法》）的效力，以及“四固定”时有关土地权利变动的法律（即《六十条》）效力的问题。也就是说，当《土地改革法》将一土地的所有权划归一个农民集体所有，而《六十条》将同一土地划归另一集体所有时，到底哪一个法律应当优先适用的问题。《土地改革法》与《六十条》是相同效力等级的法律和政策，因此应当适用新法优于旧法的原则，因为制定新法的目的就是要修改旧法的某些规定。这样如果根据《土地改革法》将土地所有权确定给一个集体，而《六十条》又有不同的规定时，就应当以《六十条》为准确定土地所有权。根据原国家土地管理局《确定土地所有权和使用权的若干规定》第十九条及第二十条的规定，本案所争议的土地所有权确定给乙村是合法、合理的。

50. 农民集体连续使用其他农民集体所有的土地已满20年的，应视为现使用者所有——案例（四）

一、争议当事人

申 请 人：甲村第五村民组

被申请人：甲村村民委员会

二、争议的基本情况

双方争议的红土坡，争议面积约80亩，1998年3月治理前原貌为：主沟一条，支沟三条，南北走向，主沟长约150米左右，平均沟深2.8米，平均沟宽23米；支沟三条总长约110米，平均沟深1.9米，平均沟宽3.7米。上部有果树，中间部分有零星刺槐，下部是荒坡。红土坡争议地块经村治理成78.59亩水平梯田，并已发包给25户村民，承包费1 600元/亩，总计承包费为125 744元。

申请人要求将红土坡土地确定给申请人所有和使用，并要求被申请人赔偿经济损失（指种地和树木）。其理由是：①1962年2月，红土坡是作为山地分给五组的；②“四清”时，五组在红土坡栽有七八亩桑树和刺槐，其余土地五组一直耕种到1983年；③1983年“十放八包”时，乡村干部强行将红土坡20余亩桑树和刺槐树地分给了四组，五组群众多次找乡、村，要求将红土坡分给四组的土地归还五组；④1984年甲村以四组村民有林权证为由，将红土坡土地全部交给四组使用；⑤1989年3月经县林业局解决，明确红土坡土地应还给第五村民组。

被申请人认为红土坡土地应归村农民集体所有，其理由是：①1968年，村根据上级精神，将所有山林、荒山、荒沟、河滩全部收归大队所有，成立林业队，统一看管经营，当时红土坡争议地块已被大队收回；②1982年生产队解体时，红土坡争议土地没有分到各户，依然是荒山和林地；③1983年“十放八包”时，把红土坡分给四组；④1989—1990年，四、五组群众争相在红土坡开荒种地，导致争议，经县林业局处理，土地归集体，由村统一安排治理；⑤1991年甲村在红土坡挖6 000个左右的果树坑，1992年栽上了果树；⑥1994年将红土坡划出50亩给学校做“绿色工程”校田地，同年学校补栽1 000株左右大枣树。

经调查：①1962年分队时红土坡是按耕地分给五组的，是山地。1964年“四清”时栽植了部分桑树，1967—1968年，大队成立专业队将包括红土坡在内的荒山、河滩及有林地收归大队统一管理；②1982年生产队解体时，没有把红土坡作为耕地分田到户；③1983 年“十放八包”时，被申请人本着方便就近的原则，将红土坡分给四组，1984 年由政府林业部门给四组部分群众发了林权证，四组群众对所包地块未进行治理，县林业局收回了四组村民的林权证，并明确“红土坡收归集体，由甲村统一安排治理”；④1991—1992 年村委会组织在红土坡挖果树坑并栽上了果树，1994 年划给学校 50 亩做“绿色工程”校田地；⑤查 1974 年版地形图和 1988 年、1972 年航片，争议地块是林地和荒草地。

三、处理意见及适用法律法规

县政府根据《土地管理法》第十六条、《确定土地所有权和使用权的若干规定》第二十一条之规定，将红土坡争议地块的土地所有权和使用权确定给被申请人。

申请人对县政府处理决定不服，诉至县人民法院，一审法院充分认定了县政府调查的事实，维持了政府的处理决定。申请人对一审判决仍然不服，上诉至市中级人民法院，二审法院经审理认为，现双方争议的红土坡土地，在 1967—1968 年间，已由原生产大队收回统一经营管理。虽在 1983 年曾分给 9 户农民，但 1991 年县林业局又将争议地块收回归甲村使用，甲村又组织会战，对该争议地进行了统一治理，应享有土地所有权和使用权。在此期间，上诉人未经集体组织的种植行为，是个人的自由种植，其行为不受法律保护。维持一审判决。

四、案例评析

本案的主要争议是：原由村民小组所有的集体土地是否转归村农民集体所有。该争议土地原属于甲村第五村民组所有，但是从 1967 年起该争议土地一直由甲村占有、使用。在此期间第五村民小组一直没有提出过任何异议也未向甲村请求归还该争议土地，到申请人民政府起已经超过了 20 年。也就是说，甲村连续占有、使用第五村民小组所有的土地超过了 20 年，已经符合取得该土地所有权的时效法律规定。对于集体土地所有权的取得时效，原国家土地管理局《确定土地所有权和使用权的若干规定》第二十一条规定："农民集体连续使用其他农民集体所有的土地已满 20 年的，应视为现使用者所有；连续使用不满 20 年，或者虽满 20 年但在 20 年期满之前所有者曾向现使用者或有关部门提出归还的，由县级以上人民政府根据具体情况确定土地所有权。"县政府依据该规定确定争议土地所有权归甲村所有是正确的，因此两级人民法院的判决均维持了人民政府的决定。

51. 农民集体连续使用其他农民集体所有的土地已满 20 年的，应视为现使用者所有——案例（五）

一、争议当事人

申 请 人：甲村

被申请人：甲村三社

二、争议的基本情况

争议的土地位于甲村西北角，东邻本村六社，南邻本村七社，现由甲村委会经营、管理。1977 年以前，原公社某大队第一生产队曾在此从事生产、生活，当时，有住户 19 户，99 口人，该队地处偏僻，住户分散、队小、劳动力少，社员生活水平极度贫困，无供电。根据《中共公社某大队党支部关于并队的呈请报告》和原《公社农业年报汇编》1975 年、1976 年度统计数据，当时该队经营、管理耕地面积约 375 亩，因此争议面积应为 375 亩。此地分布于现甲村委会经营的土地之内。当时的大队考虑到生产队的实际困难情况，提出了解散该生产队，合并到本大队其他生产队的意见，并将此意见报请公社。公社根据调查、研究决定，同意该大队合并生产队的意见，并报请县革委会批准。

经县革委会研究，于1977年1月22日下达了《关于大队合并生产队的批复》。根据当时的实际，第一生产队主要与第二生产队进行了合并，生产队合并后，由于耕种能力仍然不够，第一生产队农民在本大队其他生产队的帮助下，只耕种了两年就放弃了。1979年便由大队开始组织经营，以厂社挂钩的形式包给某铁路分局四段耕种，铁路分局四段以农业生产资料和农忙时出拖拉机等农机帮助耕种作为经济补偿。两年后，大队在此办起了经营场，一直经营管理至今。该地的原375亩耕地，现剩余195亩，其余根据水土保持有关规定退耕还林。

三、处理意见及适用法律法规

根据原国家土地管理局《确定土地所有权和使用权的若干规定》第三章第二十一条之规定："农民集体连续使用其他农民集体所有的土地已满20年的，应视为现使用者所有；连续使用不满20年，或者虽满20年期满之前所有者曾向现使用者或有关部门提出归还的，由县级以上人民政府根据具体情况确定土地所有权。"区人民政府决定对此项土地权属争议做如下处理：

甲村与本村三社争议的375亩土地所有权归甲村农民集体所有。应由甲村民委员会经营．管理。

区人民政府下达处理决定书之后，被申请人不服，起诉至当地区人民法院。区人民法院认为：甲村三社不具备土地所有权主体资格，被告区人民政府所作的处理决定正确。依照《中华人民共和国行政诉讼法》第五十四条第一款之规定，判决如下：维持区人民政府关于甲村与本村三社土地权属争议的处理决定。

一审判决之后，被申请人不服，上诉至当地市中级人民法院，市中级人民法院认定：①原审判决程序合法；②原审判决认定甲村连续使用争议土地近20年事实清楚，证据充分；③原审判决参照原国家土地管理局关于《确定土地所有权和使用权的若干规定》第二十一条正确，依照《中华人民共和国行政诉讼法》第六十一条第一项之规定，判决如下：驳回上诉，维持原判。

四、案例评析

本案的申请人与被申请人一个是村民委员会，一个是该村民委员会内的一个社，即最小的农村集体经济组织。且争议是由于历史上农村集体经济组织之间合并引起的，属历史遗留问题。

本案所依据的主要法律法规是《确定土地所有权和使用权的若干规定》中的第二十一条。应该说依据是正确的，但如果依据第二十条第二款第一项则更为准确、有力。第二十条第二款是这样规定的："根据《六十条》确定的农民集体土地所有权，由于下列原因发生变更的，按变更后的现状确定集体土地所有权。(一) 由于村、队、社、场合并或分割等管理体制的变化引起土地所有权变更的。"甲村三社正是于1977年经县革委会批准之后与其他生产队合并的，合并之后，争议的土地于1979年由原大队统一使用至今，这是农民集体土地内部的调整，并非侵占行为，而是为了充分利用土地、充分发挥土地资源的效益，因此建议今后类似的土地权属争议应依据第二十条。

52. 农民集体连续使用其他农民集体所有的土地已满20年的，应视为现使用者所有——案例（六）

一、争议当事人

申 请 人：甲镇某村中街组

被申请人：甲镇企业办

二、争议的基本情况

1995年4月甲镇企业办向县政府申请土地登记并要求核发证书。1998年7月24日经县国土局核查，县人民政府就企业办预制厂所使用的2 213.82平方米土地颁发了《国有土地使用证》。1998年7月30日，甲镇某村中街组对该宗地颁证提出异议，书面向县人民政府提出复核土地权属的请求，并诉讼到县人民法院。

中街组诉称：该地块为1967年原某公社修建公社拖拉机站，强行占用该队良田3.15亩。因公社拖拉机站，是为全公社服务的事业，所以才同意无偿让出土地，并无任何减免和补偿。现强烈要求政府妥善解决此事，退回该土地由该组管理使用。

镇企业办诉称：该宗地原为建拖拉机站用地，该站建于1968年，是当时公社召集各大队党支部书记共同研究商定的。建站前该地系中街生产队稻田，当时曾言明，占田只减免公益粮，不给予土地和经济补偿。拖拉机站由全公社四类分子修建，于1971年完工建成。建成后拖拉机站由公社直接管理调度。1974年成立企业办后，拖拉机站划归企业办管理。1984年拖拉机设备被淘汰，债务全由企业办承担。1989年企业办在此创办预制厂至今。认为该宗地自1971年建站使用，一直是乡办集体企业用地，已连续使用30年，根据相关法律政策，土地所有权应归乡集体。

三、处理意见及适用法律法规

1998年9月8日，经县国土局核查，县人民政府根据原国家土地管理局《土地登记规则》和《城、镇、村庄地籍调查规程》第二十五条第二项规定，做出了撤销国有土地使用证的决定。1999年6月3日，县人民政府作出处理决定，根据《中华人民共和国土地管理法》第十条、第十六条，参照原国家土地管理局《关于确定土地所有权和使用权的若干规定》第二十一条，将争议地所有权确定为甲镇集体经济组织所有，由甲镇企业办管理、使用。

1999年6月10日，中街组认为县人民政府处理决定适用法律不当，向县人民法院起诉。同年7月5日，县人民政府决定撤销原有文件，对该宗土地重新处理。中街组经县人民法院准许，于1999年7月8日撤诉。

2000年1月20日，县人民政府重新作出处理决定，以镇企业办从1967年使用该宗地已达30年之久，依照《中华人民共和国土地管理法》第十条、第十六条，参照原国家土地管理局《关于确定土地所有权和使用权的若干规定》第二十一条、第二十三条第一款第四项的规定，确定争议地属甲镇农民集体所有，由镇企业办管理、使用。之后，中街组不服，又诉讼到县人民法院，上诉到州中级人民法院，县、州两级均维持了县人民政府的处理决定。

四、案例评析

本案是一种典型的乡镇集体与村组集体之间的土地权属争议案件，而且在农村的土地权属纠纷中占有一定的比例，起因多是改革开放前乡镇（原公社）为发展乡镇集体事业，平调村组土地、财产、劳力造成的。土地使用期限超过20年。解决此类权属争议如果引用原国家土地管理局《确定土地所有权和使用权的若干规定》第二十六条，应当充分考虑当时占用土地的实际情况。就本案而言，当时是公社平调中街组的土地，如果没有给予中街组一定的土地补偿，在确权给乡镇集体时，应按当时标准给予失地的中街组一定的土地补偿，保护争议双方的合法权益。这样使双方都能接受确权裁定结果，减少矛盾激化。

53. 农民集体连续使用其他农民集体所有的土地已满20年的，应视为现使用者所有——案例（七）

一、争议当事人

申 请 人：甲县丙村村委会

被申请人：乙县丁村村委会

二、争议的基本情况

2003 年 4 月甲县丙村为引进某现代奶牛工程有限公司奶牛胚胎移植工程项目，在两县交界处修建通向甲县丙村道路时产生争议。

申请人认为：争议地属申请人一方。因争议地上有丙村土坟十几处，1953 年土改时甲、乙县政府为该地颁发过土地证，1982—1983 年申请人曾在此地种过稀疏的柠条，1998 年两县行政区划勘界时将争议地划入甲县一方。请求市人民政府将争议土地确认给甲县一方。

申请人提交的证据：①1953 年颁发的土地证 7 份（复印件）；②1998 年双方县级政府签订的勘界协议书（复印件）；③1：5万勘界地形图；④甲县政府请示及关于有关举证材料的证明；⑤1990 年甲县土地局开展土地详查的现状图 1 份（复印件）。

被申请人认为：争议地历史上属我村，我村人少地多，常年在此地放牧。1980 年为防风固沙，在乡（原公社）机耕站的帮助下，种植了大面积的柠条（有当时耕种人的证言），现争议地上的柠条就是我村种植的，至今已有 20 余年。甲县未经我村同意擅自占用我村土地修路，毁坏柠条，这种行为侵犯了我村的土地所有权。请求市人民政府将争议的土地确认给我村，责令甲县方面停止侵害，赔偿毁坏柠条的损失。

被申请人提交了 5 份证据：①1992 年土地利用现状调查图 1 份；②土地纠纷答辩书；③证人证言 8 份；④乙县林业局柠条归属证明 1 份；⑤市林业局杨某证明 1 份。

经调查证实：

（1）双方争议的土地 1980 年以前是荒滩地，主要用于放牧使用，未曾耕种。1980 年市测绘局出版的 1：1 万地形图可以证明这一事实。

（2）争议土地位于新修的道路以东，面积为412.27亩，其中道路占21.84亩，柠条地390.43亩，甲县提交的7份土地证的用地位置都在丙村南、旧公路西，说明甲县提交的7份土地证不在争议地范围，不能采信。

（3）现争议土地中的部分土地在1990年以前并不是争议地，而是属于乙县的，1990年、1992年双方县土地行政主管部门开展的土地利用现状调查图可证实。

（4）争议土地上的柠条是乙县1980年种植的，并且经营管理至今已有20多年，这可由被申请人提交的证人证言、县林业局证明、市国土资源局的调查和市林业局2003年《关于乙县丁村与甲县丙村林权纠纷的处理意见》证实。

（5）争议土地的权属依靠葬坟来确认没有法律依据。

三、处理意见及适用法律法规

根据《中华人民共和国土地管理法》第十六条："土地所有权和使用权争议，由当事人协商解决；协商不成的，由人民政府处理"的规定，市国土资源局于5月17日对双方进行了调解，但调解未成。为此，依据《中华人民共和国土地管理法》第八条第二款："农村和城市郊区的土地，除由法律规定属于国家所有的以外，属于农民集体所有"、《农村人民公社工作条例（修正草案）》第二十一条："生产队范围内的土地，都归生产队所有"、《确定土地所有权和使用权的若干规定》第二十条第一款："村农民集体所有的土地，按目前该村农民集体实际使用的本集体土地所有权界线确定所有权"、第二十一条："农民集体连续使用其他农民集体所有的土地已满20年的，应视为现使用者所有"的有关规定，经市土地管理委员会决定，将争议土地的所有权确认给乙县丁村农民集体，面积为412.27亩。

这一案件处理决定下达后，未引起复议和诉讼。

四、案例评析

该宗土地所有权纠纷属于两县交界处修建道路时引起的土地

所有权纠纷案。1980 年以前争议土地是荒滩地，两村都没有耕种；1980 年以后乙县丁村在争议土地上种植柠条，并经营管理已有 20 余年，有 2003 年林业部门证明柠条归属丁村的证明。如何划分集体土地归属，要以《六十条》为基础，维护土地现状为原则，一是根据《六十条》确定农民集体所有权凡因农村管理体制、土地调整、行政区划、农田基建等原因发生土地权属变更的，按变更后的现状确权；二是连续使用其他农民集体所有的土地满 20 年的，所有权归现使用者所有。这一类争议案产生的原因是集体所有权登记发证滞后，造成很多的土地权属不明，在日后的开发中极易产生权属纠纷，需要加快集体土地所有权登记发证步伐和土地管理法律法规的宣传。

54. 农民集体连续使用其他农民集体所有的土地已满 20 年的，应视为现使用者所有——案例（八）

一、争议当事人

申 请 人：甲村乙村民组

被申请人：甲村委会

二、争议基本情况

争议地“大山”土地，面积约 45 亩，其中 12 亩为耕地外，其他为荒地。由于该地海拔较高，较为偏远，种植收益不大，1964 年“四固定”时，因怕地多，上缴公益粮多等原因，哪个生产队都不愿要，故该地未固定给任何一个生产队，成为×大队（现甲村委会）的机动地，1972—1973 年间，原×大队组织全大队的 9 个生产队社员将该地开垦种茶、种麻，并由各生产队抽人看护，直到 1980 年土地承包到户后，该地因无人管护而弃荒。

为此，甲村委会将该地由各生产队抽人看护，改为由相对较近的乙村民组看护，条件为“每年给村委会几斤茶叶开会时用”，但乙村民组也未能管护，该地仍然荒芜。从1972—1994年大山土地由原×大队以及现在的甲村委会耕管长达24年，从未发生争议。

1994年，乙村民组一是认为“大山”土地土改时期就属本组村民任某所有，原×大队是与本组借用此地办茶山，因管理不善，茶山名存实亡，造成土地荒芜，土地应归还乙村民组；二是现甲村仅是管理协调组织，不拥有土地资源。1995年4月乙村民组未经甲村和另外8个组许可擅自将大山土地承包给某镇村民叶某、广某耕种，并收取了承包费，为此，甲村委会及该村另外8个村民组与乙村民组为大山土地权属发生争议。

争议发生后，1997年3月12日当地管理区和甲村委会召开各村民组组长及部分群众代表会议调解，通过座谈，达成了调解协议。协议签订后，乙村民组个别村民又以“他们不懂法；调解协议在诱骗；盲目签了字；管理区制造的协议，是违法协议”，申请镇政府重新处理，明确权属。

1998年10月15日镇政府组织工作队进行查询后认定，该争议属集体组织之间的争议，按《土地管理法》的有关规定应由县级人民政府处理，故该镇于2000年3月5日向县人民政府专项请示，请求及时派人调查处理。县人民政府于同年3月21日批转委托国土局派员调处。

三、处理意见及适用法律法规

国土局受县政府的委托后，指定由局地籍测绘股于同年9月17日组织争议双方当事人、知情人对争议地“大山”土地进行了现场勘测，并进行了调查取证，在查清事实的基础上，按照土地纠纷调处程序组织双方进行调解。因矛盾激化，各持理由，调解未能达成一致意见，为此，县人民政府于2001年4月5日作出《土地权属争议处理决定书》，依据《确定土地所有权与使用权的若干规定》第二十一条规定："农民集体连续使用其他农民集体所有的土地已满 20 年的，应视为现使用者所有"，将争议地"大山"土地确权给甲村委会农民集体所有。

四、案例评析

搞清楚现争议"大山"土地的历史演变及耕管史，是本案的焦点。纵观本案，虽然甲村民组持有 1953 年由县人民政府颁发给任某的《土地房产所有证》，但却不能作为本案的定性依据。现原告乙村民组自土地改革起至今都隶属于现甲村管辖，其土地经历了互助组，初级社，高级社，人民公社，四固定，山林三定，第一、第二轮土地联产承包到户的历史变革，所以现在确认土地权属只能依据土地演变史，结合国家的土地法律、法规、政策来确认土地权属，而不能仅依据私有土地的依据来推翻社会主义的土地运动，那样只能是为个别人追"祖业"清"根源"，搞土地还家，从而破坏了我国的社会主义土地公有制。如现原告乙村民组是与其他外村或甲村与外村发生的土地权属争议，那么，现乙村民组村民提供的《土地房产所有证》可以作为土地确权的依据，而在本案中却无参考价值和使用价值，故县人民政府将争议地"大山"土地确权给甲村全体农民集体所有是正确的。处理决定下达后，经行政复议、行政诉讼程序都得到了上级政府和人民法院的维持。

55. 对"农民集体连续使用其他农民集体所有的土地已满 20 年"的片面理解

一、争议当事人

申 请 人：甲村第九村民小组

被申请人：甲村第十村民小组

二、争议的基本情况

争议土地位于甲村第九、第十两个村民小组农田之间的某河道。九组认为该河道所有权应归九组，有1983年经当地县多种经营管理局填报、县人民政府批准的《水面使用权证申请批准登记表》为证，九组一直承包养殖鱼塘，经营使用至今，已超过20年。而十组认为，该河道土地所有权应以河中心为界，两组各半，有1951年土地改革时县人民政府颁发的《土地房产所有权证》为依据，双方各执己见。

该河道1951年土地改革时，县人民政府向现属十组的村民郭某（已故）颁发了《土地房产所有权证》，该证载明当时甲村十组村民郭某的土地所有权是以该河中心为界。1956年农业合作化后，农村土地由个体农民所有转为劳动群众集体所有，因此该证自然只能作为确定土地所有权的参考依据，事实上该河道已作为九、十两组土地权属的界河。

1983年该河道经原县多种经营管理局核查，原县人民政府批准，给甲村第九村民小组颁发了水面使用权证，使该河道一直由九组承包养殖使用至今，九组对该河道拥有水面养殖经营权，虽然使用超过20年以上，但甲村第十村民小组对该河道农田引水排灌的通水权并未受到剥夺，也一直长期使用至今，因此十组也拥有该河道的通水权。

三、处理意见及适用法律法规

根据原国家土地管理局《确定土地所有权和使用权的若干规定》第十九条之规定："土地改革时分给农民并颁发了土地所有证的土地，属于农民集体所有"，历史上该河是以河中心为界，土地所有权由个人收归集体后也应以河中心为界。依据《确定土地所有权和使用权的若干规定》第五十五条、五十七条之规定，经调处，该河道的土地所有权以河中心为界，甲村九、十组各半，涉及两组农田排水、灌溉使用权为两组共有，该河道的水面养殖经营权仍归九组使用，双方均同意上述意见。

四、案例评析

该宗地河道所有权权属争议案，初看认为甲村九组使用该河道从事水面养殖已超过 20 年以上，按照《确定土地所有权和使用权的若干规定》的有关规定，该河道土地所有权应归九组所有。但细细分析，甲村十组村民也使用该河道进行农田排灌引水，一直未中止过，其农田排灌引水使用权并未消灭，且该河道的主要用途是农田排灌引水，水面养殖经营权仅是他项权利，因此根据十组村民提供的 1951 年土地改革时的土地房产所有权证为依据，本着尊重历史，面对现实的原则，经调处以河道中心为界。

56. 行政区域界线的勘定，原则上要与自然资源权属相一致

一、争议当事人

申 请 人：甲村

被申请人：乙村

二、争议的基本情况

2001 年底，甲村村民提出与乙村约 130 亩土地有权属争议，反映乙村村民越过两村之间的某河开荒种地，侵犯了甲村的权益。

甲村认为现争议地块在土堤以北，属丙县的行政区域范围内。理由是：①1958 年航片资料、1985 年丙县和丁县的标准地名图及 1986 年丙县地图所示的行政界线是老河道南岸的土堤；②由于现堤上有两县“界碑”，且甲方称“界碑”至现排灌站的一段国堤由丙县管辖，而争议地块在这段国堤的西南，因此甲方认为现争议地块应在丙县范围内；③有关水利志、排水站位置图

及有关的证人证言，说明现某河实为老河道的主流中心线，老河道的南岸应为现该河南的土堤。

乙村否认越河开荒种地，并强调双方土地权属界线是以甲河为界，早在70年代至今一直由乙村耕种，此前未曾有人提出该地权属有争议。理由是：①1984年乙村五组土地台账、1984年乙方所指的争议地块分配明细表、1984年乙村五组土地承包合同及有关证人证言，分别证明现争议地块一直由乙村村民经营管理；②1989年土地详查成果及有关航片资料，说明两县以某河为土地分界线。

三、处理意见及适用法律法规

（1）在1996年国务院决定开展各级行政区域界线勘定之前，出版的各类地图上的界线属于习惯线，没有经过法定，不具有法律效力，因而不能作为划分土地权属界线的依据。

（2）现两县界碑，已经民政部门有关人员认定并非省民政部门所立，不能作为确定行政界线的依据。

（3）水利志和排水站位置图只能作为水利部门的记录或统计资料，不能作为行政界线和土地权属界线的确权依据。

（4）双方证人证言各执一词，难以采信。

（5）乙方提供的土地台账、分配明细表等，由于只有数字和文字资料，没有相关的图件和坐标成果，在实地的位置难以确定，也难以作为确权依据。

（6）1989年土地详查技术路线由全国农业区划委员会制定，并依此技术规定取得了全国1∶1万土地调查成果。该成果已经当时丙、丁两县认定接边。丙县目前单方面对详查的技术路线提出质疑是没有根据的。

（7）在1989年土地详查成果两县接边过程中及1998年两县所在两市行政勘界过程中，争议双方均未对争议地块的土地权属提出异议。为此，土地接边与行政区域界线即应作为双方土地权属的分界线。

2003年4月1日，当地省国土资源厅和民政厅有关人员一起到争议现场，对争议地块的行政界线进行了实地回放，结果表明争议地块在丁县所在市的行政区域范围内。

鉴于上述，根据国务院《行政区域界线管理条例》第二条“本条例所称行政区域界线，是指国务院或者省、自治区、直辖市人民政府批准的行政区域毗邻的各有关人民政府行使行政区域管理权的分界线”、《国务院关于开展勘定省、县两级行政区域界线工作有关问题的通知》（国发［1996］32号）第五条“行政区域界线的勘定，原则上要与自然资源权属相一致。特殊情况必须分开的，在划定边界线的同时，要明确跨越边界线的自然资源权属”、《国土资源部、民政部关于密切配合推进勘界工作加强土地管理的通知》（国土资发［1999］355号）第四条“土地行政主管部门要及时按照勘定的界线完善地籍工作，搞好土地利用管理。对于行政区域界线已明确的，原土地利用现状调查工作界线以勘定的行政界线为依据进行调整，凡是双方勘界协议书有规定的，执行协议书规定。”及原国家土地管理局《关于印发〈确定土地所有权和使用权的若干规定〉的通知》第二十条“村农民集体所有的土地，按目前该村农民集体实际使用的本集体土地所有权界线确定所有权。”对甲村与乙村的土地权属纠纷做出如下处理决定：经对争议地段进行实地测量后，争议地段在丁县的行政区域范围内。因此争议地段的集体土地所有权应归乙村所有。

四、案例评析

处理本案的关键是要明确集体土地所有权的归属与行政区划界线之间的相互关系。我国由于土地广袤、人口众多以及历史传统等原因，导致行政区划界线与土地权属界线的关系相当复杂，常常因此而发生纠纷，当事人双方各执一端互不相让，一方主张依据行政区划的界线确定土地权属，另一方则主张按照实际占有、使用等情形确定土地权利的归属。对此《国务院关于开展勘定省、县两级行政区域界线工作有关问题的通知》第五条规定

“行政区域界线的勘定，原则上要与自然资源权属相一致。特殊情况必须分开的，在划定边界线的同时，要明确跨越边界线的自然资源权属”。据此规定，在处理此类案件时，原则上应当按照行政区划的界线来确定双方土地权利的界线，但是如果有特殊的民族、历史等原因时也可以不按行政区划的界线加以确权。不按行政区划确定土地权利界线时，必须有特殊的原因，而且主张有特殊原因的一方当事人应当负有举证责任，如果该方当事人不能就特殊情形举出确凿证据的，则必须按照行政区划的界线进行确权。

57. 乡（镇）或村办企事业单位使用的集体土地，《六十条》公布以前使用的，分别属于该乡（镇）或村农民集体所有

一、争议当事人

申 请 人：甲镇政府

被申请人：甲镇某村

二、争议的基本情况

1958 年春，甲镇政府为解决本镇孤寡老人赡养问题，成立了镇敬老院，属农民社会福利事业。当时敬老院所占土地是某社所有，该社后改为大队。1959 年左右，从大队分离出来一部分农民，成立了甲镇直属菜队，隶属甲镇管辖，后成为现在的甲村。1963 年，大队在有争议的土地上栽了果树，建成果园，占地面积 30 亩。该果园由大队经营管理。果园的土地并没有因菜队分离出来而随之转移。因该大队对果园管理不善，果树逐年死掉，果园撂荒，无人管理，敬老院的老人开始在果园内栽黄烟、

种芝麻等。后经逐年开垦，这块 30 亩的果园在 1975 年就全部变为耕地。该村 1982 年实行联产承包责任制。在此之前，位于敬老院地界的水壕、大粪场、部分田间道路，大约 2 亩左右也由敬老院的老人开垦为耕地，并耕种至今。

1995 年 5 月，申请人向被申请人提出请求，要求被申请人立即返还土地，并赔偿一定的经济损失。被申请人对申请人的请求拒不理睬。

三、处理意见及适用法律法规

根据《中华人民共和国土地管理法》第十三条、原国家土地管理局关于《确定土地所有权和使用权的若干规定》第二十条、第二十三条之规定，经县政府研究、处理决定如下：

1. 甲镇敬老院使用的土地所有权归甲镇农民集体所有。

2. 甲镇敬老院所耕种的土地继续由敬老院耕种。

3. 当事人如不服本处理决定，依照《中华人民共和国行政复议法》第九条第一款之规定，在接到本决定书之日起 60 日内向上级人民政府申请复议；也可以依照《中华人民共和国土地管理法》第十六条第四款规定，在接到本决定书之日起 30 日内向人民法院起诉。

当地县人民政府下达处理决定书之后，申请人不服，起诉至市中级人民法院，市中级人民法院根据《中华人民共和国行政诉讼法》第五十四条第一款之规定判决如下：维持县人民政府 1999 年 11 月 18 日作出的关于甲镇某村与甲镇敬老院土地权属争议的处理决定。一审判决后，申请人不服，提起上诉至省高级人民法院。二审法院认为：甲镇敬老院系全镇农民福利事业，属集体所有。争议的土地原虽系甲镇某村所有，但从建院以来，一直由敬老院老人耕种近 30 年，且原告没有主张权利。被告县人民政府作出的土地权属争议处理决定，认定事实清楚，程序合法，适用法律、法规正确。省高院根据《中华人民共和国行政诉讼法》第六十一条第一款之规定，判决如下：维持县人民政府

地形特征，协商划分了地界，争议地划在了乙村组界内，甲村组一直在该地耕种管理，村委会没有阻止，乙、丙村组也没人来阻拦。1994 年乙村小组村民张某到争议地耕种被甲村小组挡回，到目前为止争议地仍由甲村小组大多数村民耕种，只有一部分由丙村小组部分村民耕种。

1996 年，姚某在争议地东北部办砖厂，权属纠纷从此产生，乡政府组织人员历时两月有余，内查外调，作出如下调解意见：

将争议地老羊路以东北的姚某砖厂的土地承包费按三七分成，即村委三成，甲村组七成，县信访办经过调查后，也作过处理即维持乡政府的调解意见。

2000 年 4 月 18 日，乙村两委会组织全体委员，邀请乡上主管土地的领导、司法所、土地所、乡驻村干部就争议土地问题再次座谈调解，各组一致同意了两委会的调解处理，以羊路为界，东北部划给了甲村村民小组所有，以中、西自然界为界，西部归乙村小组所有，中部归丙村小组所有，村两委会全体成员当场签了字，按了手印，并报乡党委、政府，乡党委同意村两委会调解协议。

三、处理意见及适用法律法规

经 2001 年 3 月 9 日县政府常务会研究决定，此案应依据《中华人民共和国土地管理法》第十六条和《土地权属争议调查处理办法（暂行）》第三条之规定“处理土地权属争议应当从实际出发，尊重历史，面对现实，本着现今的实际生产管理状况”及《确定土地所有权和使用权的若干规定》第二十条第一款之规定，认为 2000 年 4 月 18 日乡、村两级调解协议是合适的，应予以维持。争议地东归甲村小组所有，西部归乙村小组所有，中部归丙村小组所有。

决定做出后，乙、丙村民小组不服。经市人民政府复议，市人民法院、省人民法院两级判决均维持了原行政处理决定。

四、案例评析

本案所涉及的主要问题是：如何划分各级农民集体所有的集体土地问题。确定一土地究竟属于哪一级农民集体所有，在属于村民小组所有时究竟属于哪一个村民小组所有，应从如下两方面着手：首先要看争议土地是否已经核发了土地所有权证书，如果已经核发了土地所有权证书的，就应当按照土地所有权证书来确定土地所有权的归属，对此《中华人民共和国土地管理法》第十一条第一款规定“农民集体所有的土地，由县级人民政府登记造册，核发证书，确认所有权。”其次，如果该争议土地没有核发所有权证书，那么就应当分别情况予以处理，主要要考虑到历史原因及实际使用的情况。对此原国家土地管理局《确定土地所有权和使用权的若干规定》第二十条第一款规定“村农民集体所有的土地，按目前该村农民集体实际使用的本集体土地所有权界线确定所有权”。本案中当事人争议的土地一直是由县某村委甲村小组占有、使用的，而且村委会及其他村民小组均未对此提出过异议，因此应当按照现在实际使用的界线及状况予以确定土地权利的归属。本案人民政府将土地所有权确定给甲村小组所有是正确的，因此市及省人民法院均维持了其处理决定。

59. 土地所有权与土地使用权不同归属的争议

一、争议当事人

申 请 人：甲村村民小组

被申请人：乙村村民小组

二、争议的基本情况

争议地位于乙村村民小组现居住地以东2公里处，面积约

1 500亩。地类为灌木林地、人工草地和沙地，局部地段有零星耕种的痕迹。

1999年9月甲村村民小组将争议地以租赁50年的方式和每亩450元的租赁费，变相出卖给某资源科技开发有限责任公司，并收取定金8万元。乙村村民小组知此情况后，出面制止并上访，双方由此发生争议。

经查，1975年以前，争议地大部分属荒沙地。当时乙村小组和甲村小组同属原某大队的两个小组。原乙村小组居住在争议地西边，原甲村小组居住在争议地东南水库库区以北。争议双方在六七十年代均在争议地零星种植过谷子、糜子、荞麦等农作物，并种植过沙蒿、柠条等。1975年分队以后，为了便于生产，将原甲村小组在原乙村小组范围内的滩地和原乙村小组在原甲村小组范围内的水地进行了调整兑换，但未涉及荒山、荒沙管理使用范围的调整。原乙村小组加大了对争议地的治理力度，原当地公社每年也给原乙村小组提供树苗、草籽在争议地范围内造林种草，并进行检查验收。1982年原乙村小组配合林业部门在争议地上进行过飞播，并给林业部门技术人员承担过伙食费，拿过林业部门的补助。1985年乙村小组因原住地地下水位下降，陆续向西2公里处搬迁，1995年全部搬迁到现住地。搬迁后继续在争议地上耕种并造林种草，1998年才将最后耕种的10多亩地撂荒。现争议地上有乙村小组栽种20多年的杨树、柳树及沙柳等。分队以后，原甲村小组也曾在争议地上种植过沙蒿、沙柳等。1986年因修建水库，原县政府将甲村整体搬迁，并划归丙镇管辖。搬迁时调整划拨给该村水地634亩，用于移民新居住宅建设和耕种；沙地500亩，用于造林种草发展畜牧业。搬迁后甲村小组再未在争议地内造林种草和管护。

1978年省林业勘察设计院绘制的乡镇林业规划图上，将争议地一分为二，原乙村小组和原甲村小组大约各占一半。1988年土地详查时，乙村主任兼会计在《土地边界协议书》上签字，并加盖了公章，协议书将争议地大部分面积划归了甲村。2001年3月，乙村小组与区林业局签订了《明确林地界线协议书》，确定以地盖碑中梁为界，以东属区林业局的国有林区，以西（包括争议地）属乙村小组。

甲村小组的理由和依据：①该组曾与乙村小组同属一个生产大队，1975年分队以前曾在争议地上进行过耕种，并组织劳力植树种草，有部分条据为证；②1988年土地详查时甲村与乙村签订的《土地边界协议书》将争议地划归了甲村，并加盖了双方公章。

乙村小组的理由和依据：①本组祖居于争议地西侧，现乙村梁东还有他们居住过的土窑为证；②本组曾在争议地种植过农作物，并进行了长期的治理和管护，现有属于他们栽种的柳树、杨树、沙柳和五丈榆等林草树木为证；③1988年土地详查时，乙村小组并未派人现场指界，签字和盖章是乙村村主任白某在不了解地界的情况下签字盖章的，不足为证。现有当时的调绘人员贾某和乙村主任白某的证明材料；④2001年3月本组和区城郊林场就双方地界进行确认。现有双方《明确林地界线协议书》作证；⑤某村村民刘某等3人在争议地放羊被乙村小组阻挡，而甲村小组不予阻挡，现有上述人的证明；⑥某村白某等18户曾向本组购买争议地上的土地作为坟地（现坟茔仍在），现有上述人的证明。

三、处理意见及适用法律法规

经过调查，我们认为该争议地所有权属国家所有。依据是：

（1）1950年《中华人民共和国土地改革法》第十八条“大森林、大水利工程、大荒地、大荒山、大盐田和矿山及湖、沼、河、港等，均归国家所有，由人民政府管理经营之，其原由私人投资经营者，仍由原经营者按照人民政府颁布之法令继续经营之。”

（2）1951年11月9日《军政委员会为配合土地改革清理林

权作出五项规定的命令》第五条“不宜农耕的大荒山和沙漠边缘、河流两岸的大荒地，面积在500亩以上的，均收归国有。”

(3) 1958年7月7日《省人民委员会关于颁发“省林权清理办法”的命令》所附《省林权清理办法》第三条第一款“面积较大的森林或荒山，应一律划国有，面积大小各县根据当地群众一般占有林地情况、林木价值（经济林在内）、交通条件及划归哪方有利等自行确定。森林面积虽小但与国有林或大片国有荒山相连接，并在水土保持方面起重要作用的，亦应划为国有。”争议地原属荒沙面积在500亩以上，故应属国有土地。

乙村小组具有该争议地的国有土地使用权。依据是原国家土地管理局颁布的《确定土地所有权和使用权的若干规定》第二十六条“土地使用权确定给直接使用土地的具有法人资格的单位或个人，但法律、法规、政策和本规定另有规定的除外。”第二十七条“土地使用者经国家依法划拨、出让或解放初期接收、沿用或通过依法转让、继承、接受地上建筑物等方式使用国有土地的，可确定为国有土地使用权。”第三十六条“农民集体使用的国有土地，其使用权按县级以上人民政府主管部门审批、划拨文件确定；没有审批、划拨文件的，依照当时规定补办手续后，按使用现状确定；过去未明确划定使用界线的，由县级以上人民政府参照土地实际使用情况确定。”乙村小组六七十年代以来对争议地一直沿用管理至今，争议地上现有该组栽种多年的林木植被。甲村小组在1986年搬迁时政府曾给该组划拨过耕地、沙地，且搬迁后再未管理争议土地。据此，可以认定乙村小组具有争议地的国有土地使用权。1978年省林业勘察设计院绘制的乡镇林业规划界线虽然将争议地的一半划给了甲村，但该图件仅是林业规划专业图件，不是行政确权图件，只能作为确权的参考依据，不能作为确权的唯一证据。1988年土地详查所形成的《土地边界协议书》及土地详查权属界线图，把争议区大部分面积划给甲村小组，经当时调绘人员贾文堂证明，当时乙村小组并未去人现场指界，由村主任白某在不了解地界的情况下签字和盖章的，应予否定。同时 1988 年调查形成的边界协议书及权属界线图的界线和 1978 年形成的林业规划图的界线并不吻合，而且差异很大，故上述两证据不予采信。所以根据实际情况确定争议地国有土地使用权归乙村小组所有。

综上所述，根据《中华人民共和国土地改革法》第十八条、《西北军政委员会为配合土地改革清理林权作出五项规定的命令》第五条、《省人民委员会关于颁发“省林权清理办法”的命令》所附《省林权清理办法》第三条第一款和原国家土地管理局颁布的《确定土地所有权和使用权的若干规定》第二十六条、第二十七条、第三十六条之精神，本着尊重历史，照顾现实，有利于生产，有利于安定团结的原则，我们认为：该争议地所有权应属国家所有，乙村村民小组具有该争议地的国有土地使用权。

四、案例评析

本案涉及两方面的争议，一方面是关于所争议土地的所有权的归属问题；另一方面则是该土地使用权的归属问题。所有权归属的确定是使用权确定的前提，也就是说只有先明确了所有权的归属，才能正确地确定使用权的归属；不能正确确定所有权的归属就无法正确确定土地使用权的归属，因为使用权是所有权的一个权能，原则上使用权归于所有权人，对此我国《民法通则》第七十二条有明文规定。当然使用权也不完全与所有权的归属一致，因为根据《中华人民共和国宪法》第十一条及《中华人民共和国土地管理法》第二条的规定，我国国有土地实行有偿使用制度，也就是说国有土地所有权属于国家但使用权却交给个人或单位有偿使用，此时土地的所有权与使用权是不一致的。

本案中双方当事人所争议的土地在性质上系属荒沙地。作为荒沙地，不论是 1950 年《中华人民共和国土地改革法》还是以后的《中华人民共和国宪法》，抑或《民法通则》及《土地管理法》均将其规定为国家所有，而且该争议荒沙地在土地改革时及实施《六十条》时均未将其确定给集体所有。因此本案当事人所争议的土地所有权应当归国家所有。在将所争土地所有权确定给国家后，就必须确定该土地的使用权归属。本案系争土地，自60年代起一直由乙村小组使用管理至今，中间并未有过间断，而且在该土地遭到其他人员的侵害时积极行使和主张其权利。根据原国家土地管理局颁布的《确定土地所有权和使用权的若干规定》第二十六、二十七、三十六条的规定，所争议土地的使用权应当确定给乙村小组。

60. 集体土地转为国有土地一案

一、争议当事人

申 请 人：甲镇某村

被申请人：某国营速生丰产林林场（原乙果园）

第 三 人：某园林畜产品开发公司（原某奶牛场）

二、争议的基本情况

2002年6月28日，甲镇某村向县政府提出申请，要求重新对原×果园、奶牛场的土地权属做出处理决定。

经查：县属×果园、奶牛场坐落在×河东岸，占地475亩。这片土地在历史上就是一片河荒。1952年县政府财政科实行以工代赈开垦这片河荒，以后停耕。1956年初乙村、丙村（含甲自然村）、丁村三村联合成立高级合作社。同年该高级合作社在×河两岸修坝开稻池，其中在这段荒地上开稻池地300余亩。夏季发洪水把稻池冲毁又成河滩，1957年初，体制改革时该社又划分为三个合作社，据调查，在分社时对河荒的处理情况是：由区委领导和三个社干部一起指边划界，当时该社河岸以西的稻池河荒给丙村；河东山咀前后的河荒（即现在纠纷地段）和大坝给乙村；乙村下端的稻池、河荒给丁村。这一年，乙村在山咀前后河荒地开一部分稻池，夏季全部被洪水冲毁，同时在1956年、1957年发洪水时将丙村、甲村在这片河荒东面的耕地（即有地照土地）也冲毁一部分变为河滩。1958年经县政府批准将被冲毁的耕地注销了地籍。直到1961年这块河滩无人管理，在河荒内自然萌生了一部分幼树，1964年"四清"时丙村大队在这片河荒上又栽了一部分杨柳树，形成一片幼树林。

1966年春，乙村大队以1957年合作化时期河荒权属确定给本大队为由，砍掉其中122 400棵幼林开荒种地。从此，两村一直为这块地争执产生纠纷，1970年11月2日县革委会批复将这片河荒地收归国有，交当地驻军耕地，由县林业部门付给丙村大队造林补偿费800元，解放军不经营时，荒地、林地交由国家经营。

1972年6月3日，丙村大队与乙村大队签订了"甲村和乙村关于纠纷地处理意见议定书"，同意将此段地交给国家所有。1973年北方十省、市红果会议在隆化召开，县革委会决定开发此地，建立了红果园。1975年县建"五七"干校，从果园拨出100多亩给干校耕种，后改为奶牛场。1975年甲村两次与果园签订了换地协议。1980年4月15日又与果园签订了河道利用协议，承认了现耕种的滩地权属不变。

1984年以来，甲镇某村群众多次上访，要求将果园、奶牛场475亩河荒地全部退还本村。1985年4月12日县政府根据两村协议和有关政策下达了《关于甲果园、奶牛场占用土地问题的批复》，提出×果园、奶牛场所经营的土地仍由两个单位经营，不得退给任何一个大队。同年甲村群众集体抢占果园、奶牛场，阻止两个单位正常生产经营，给两个单位造成经济损失2万多元，其中直接损失10 092.80元。

为解决此事，县政府于1985年7月23日做出了《关于对甲果园、奶牛场占用河荒地问题的处理决定》，丙村对上述决定未在规定的期限内向人民法院提出起诉。此后，1996 年 8 月经县政府同意将畜牧局某奶牛场（肉联厂）转让给某园林畜产品开发公司。

三、处理意见及适用法律法规

根据《中华人民共和国土地管理法》第十六条和原国家土地管理局《确定土地所有权和使用权的若干规定》第十六条之规定，做出如下决定：

(1) 鉴于 1970 年县革委会批复将争议地收归国有，此后丙村(含甲镇某村) 与乙村又于 1972 年签订协议，双方同意将争议地划归国有，1985 年县政府号批复，亦将争议地收归国有，符合《确定土地所有权和使用权的若干规定》第十六条之规定，将原×果园、奶牛场所使用 475 亩土地确定为国家所有，由两个单位继续使用。

(2) 甲镇某村原有土地执照部分土地，1956—1957 年已被洪水冲成河滩，县政府 1958 年已注销了地籍，属无收益河荒地，无定产量。该村虽栽种一部分幼树，但已被乙村砍伐，且 1970 年县林业局已付给甲村造林补偿费 800 元，按 1958 年《国家建设征用土地办法》第七条规定，不存在再给甲村土地补偿的问题。

甲镇某村不服此决定，在法定期限内向当地市人民政府申请复议，市人民政府依法予以维持。

该村仍不服向当地县人民法院提起行政诉讼，考虑地域关系，市中级人民法院指定当地区人民法院进行审理，一审法院依法维持了县人民政府土地权属争议案件行政决定。

该村仍不服上诉至市中级人民法院，二审法院于 2003 年 9 月 22 日做出终审判决，依法维持了县人民政府土地权属争议案件行政决定和一审判决。

四、案例评析

本案的主要争议发生在农民集体与代表国家的人民政府之间，双方争议的焦点是：系争土地的所有权究竟应该是归于农民集体还是归于国家。在我国社会主义经济制度的基础是生产资料的社会主义公有制，即全民所有制和劳动群众集体所有制，所以作为最重要的生产资料的土地只能公有，而不能由私人所有。因此关于土地所有权的争议就只能发生在两种公有制主体（即国家和集体）之间，所以本案具有非常典型的意义。处理本案的关键首先在于明确系争土地所有权最初划分给国家还是集体，在确定了最初的所有权归属后就应当进一步查明该土地权利是否曾经发生过变更，如果曾经发生过变更就要再明确变更是否有相应的法律依据。如果未发生过变更或者虽发生过变更但是缺乏相应的法律规范作为依据，那么就应当将土地所有权确定给最初分配的主体，否则就确定给依据相应法律规范获得该土地所有权的其他主体。本案当事人所争议的土地最初在1957年合作化时的确分配给了乙村大队，因此当时应当属于该大队集体所有，但是后来由于该土地变为荒地，而且该大队一直未对该土地进行任何管理，也没有主张过权利，在1958年时被县政府撤销了地籍。1970年11月2日县革委会批复将这片河荒地收归国有，交当地驻军耕种，由县林业部门付给丙村大队造林补偿费800元，解放军不经营时，荒地、林地交由国家经营。此外，1972年6月3日，丙村大队与乙村大队签订了“甲村和乙村关于纠纷地处理意见议定书”，同意将此段地交给国家所有。基于此，根据原国家土地管理局《确定土地所有权和使用权的若干规定》第十六条第二款的规定，该争议土地应当确定由国家所有。

61. 当事双方涉及林业土地纠纷，应以确权依据为准

一、争议当事人

申 请 人：某国营林场

被申请人：某村村民

二、争议的基本情况

2002 年 10 月 5 日，某村集体经济组织对该村一处林地进行开发，疏伐松柏树、套种果树时，与之相邻土地权属单位某国营林场发现后，立即派有关人员出面阻止。国营林场认为根据国营林场编制的林场林权版图，该处林地属于国营林场林权版图范围内，应属国营林场经营，村集体经济组织不能随意侵占，该林场提供一张国营农场编制的林权版图作为证据。而该村集体经济组织则认为该处林地自解放以来一直属于该村农民集体管理，国营林场没有征用过，且 1983 年当地市人民政府颁发的林权证（内注明山权属于该村农民集体）已对该处林地进行过权属确定，国营林场的行为非法干涉了村农民集体行使权利。双方发生争议后，该村集体经济组织持 1983 年市人民政府颁发的林权证向区国土资源局申请调处。

区国土资源局受理案件后，指定承办人进行调查取证。经办人员根据双方当事人提供的原证据，经过现场勘察和向有关部门、有关知情人调查后发现，1983 年至纠纷发生，国营林场未与该村农民集体签订过任何用地协议；该处林地在争议之前，双方均未申请采伐过该处林地上的林木。区国土资源局邀请了区林业局、争议双方到实地认定争议地位置后，提出通过调解的方式解决争议，国营林场认为“因版图属国有林场，林场无法自主确定”，不同意通过调解来处理争议地。但是其提供的证据缺乏足够的法律效力，并且又未能提供有效的证据来证明该处林地属于其经营管理。

三、处理意见及适用法律法规

区国土资源局依据《土地管理法》第八条第二款、原国家土地管理局《确定土地所有权和使用权的若干规定》第十六条和国土资源部《土地权属争议调查处理办法》第二十条规定，提出了处理意见，报区人民政府下达了处理决定：确定双方所争议的土地所有权归某村集体经济组织所有。在规定期限内，争议双方既没有申请行政复议，也无提起行政诉讼，处理决定发生了法律效力。

四、案例评析

本案中涉及到发生林区土地权属争议时，应提供哪些证据来主张权利的问题。依据国土资源部《土地权属争议调查处理办法》第二十条规定，争议双方当事人应提供的证据材料包括：

（1）人民政府颁发的确定土地权属的凭证。

（2）人民政府或者主管部门批准征用、划拨、出让土地或者以其他方式批准使用土地的文件。

（3）争议双方当事人依法达成的书面协议。

（4）人民政府或者司法机关处理争议的文件或者附图。

（5）其他有关证明文件。

在该案中，某村集体经济组织提供的是市人民政府颁发的林权证且林权证中已确认该土地属该村农民集体所有，具有法律效力。而某国营林场所提供的林权版图只是部门自主编制的，缺乏相应的法律效力；同时，自 1983 年林权发证之后，双方均没有达成用地协议，该幅土地的所有权性质未发生变化。因此，在调解无效的情况下，区国土资源局提出以上处理意见。

62. 自愿交换土地，并且各按调换的土地长期使用的，应按使用现状确定土地权利

一、争议当事人

申 请 人：某镇人民政府（以下简称甲镇政府）

被申请人：某镇甲村村民委员会（以下简称甲村）

第 三 人：某镇乙村村民委员会（以下简称乙村）

二、争议的基本情况

争议土地 8.77 亩位于某河段东岸，1968 年开挖此河段使用了原丙村一组的土地，使得该村组的部分土地被河隔离在河东，给原村组村民耕种带来不便。当时乡林场有 5 亩土地在河西，地上长有丁刺槐树，由于路途远，管理不方便。1974 年 7 月（丙村一组认为为 1977 年）双方协商将土地调换，原丙村一组河东的土地给林场，林场在河西的 5 亩土地给原丙村一组。1993 年河道拓宽，致使原丙村一组换得的土地全部被挖废，为此原丙村一组该土地的农业税予以了核减。由于林场管理松散，使得其在河岸的土地均被所在地村民耕种，河东岸与原丙村一组调换土地被原丁村村民耕种至今。

自 1993 年起，原丙一组群众多次要求收回河东土地并且多次上访。1997 年 7 月和 1999 年 12 月，原乡领导多次调查协调未果。当事人向市政府提出确权申请后，市国土局经现场勘测，该幅土地实际面积为 8.77 亩并依法组织各方调解，但调解未成。

林场系原乡人民政府设立的非独立法人实体，其民事权利义务应由设立单位承担，因区划调整，2000 年 4 月原乡人民政府被撤销，其行政区划归现某镇人民政府管辖；2001 年 3 月，原丁村与其他村合并为甲村，原丙村与其他村合并为乙村。

某镇政府述称：现争议的 8 亩多土地系其下属的林场用 5 亩土地及树木与原丙村一组（现合并为乙村）换取的，甲村自始不具有该土地的所有权，该土地应系某镇集体所有。

甲村述称：该争议地块原是乙乡林场所有，自 1993 年因林场在沿河岸的土地均被所在地群众耕种，此地亦由原丁村（现合并为甲村）村民承种，故应确权给甲村所有。

乙村述称：该土地于 1968 年前就一直是原丙村一组所有。1977 年，原丙村一组曾与林场协商，由林场将河西岸的 5 亩地及树木作交换，后因挖河 5 亩土地被挖废，本属原丙村一组的

8.77 亩土地由原丁村村民耕种，根据国家有关法律规定，该地仍应归属于原丙村即现乙村所有。

三、处理情况及适用法律法规

原丙村一组与林场调换土地情况属实，双方各按调换的土地使用多年。1993 年丙一组所换得的 5 亩土地虽被挖废，但对其农业税已予以核减。本着尊重历史、实事求是的精神，该地应属现某镇集体所有。甲村所述仅系对该地的承包经营权，并不享有对该土地的所有权。据此，根据《中华人民共和国土地管理法》第十六条、原国家土地管理局《确定土地所有权和使用权的若干规定》第三章第二十一条之规定，国土局经研究并报经市政府批准决定：本案所争议的 8.77 亩土地为某镇政府集体所有。

市政府作出土地所有权归属处理决定后，乙村不服，并向市人民法院提起行政诉讼。在起诉状中称，调换土地时间应为 1977 年而非 1974 年，且在 1993 年 5 亩土地被挖废后林场已将 8.77 亩土地还给丙村一组，但被丁村抢种至今。故请求法院判令撤销市政府的行政处理决定。

当地市人民法院经审理认为，原国家土地管理局《确定土地所有权和使用权的若干规定》第二十条规定："根据 1962 年《农村人民公社工作条例修正草案》确定的农民集体土地所有权，由于相关原因发生变更的，按变更后的现状确定集体土地所有权。"第二十一条又同时规定："农民集体连续使用其他农民集体所有的土地已满 20 年的，应视为现使用者所有；连续使用不满 20 年或者虽满 20 年但在 20 年期满之前所有者曾向现使用者或有关部门提出归还的，由县级以上人民政府根据具体情况确定土地所有权。"因此，本案中乙村由于生产、生活的不便与某镇人民政府所属林场进行调整土地的事实存在，其土地所有权已发生变更，乙村调整取得的土地被挖废后农业税也相应核减。现市人民政府将争议土地所有权确认为某镇人民政府集体所有符合《确定土地所有权和使用权的若干规定》第二十二条、第二十三条第一款的原则，乙村所诉理由缺乏事实及法律、法规依据，本院难以支持。市政府所作处理主要事实清楚，证据存在，适用法律、规章正确，依据《中华人民共和国土地管理法》第十六条，原国家土地管理局《确定土地所有权和使用权的若干规定》第二十条、第二十一条、第二十二条、第二十三条第一款，《中华人民共和国行政诉讼法》第五十四条第（一）项之规定，判决维持市人民政府作出的行政处理决定。

市人民法院作出此行政判决后，乙村仍表示不服，并向当地市中级人民法院（以下简称中院）提起上诉，称：①原审法院判决认定事实不清。乙村与林场交换土地的时间是在1977年，而不是原审法院认定的1974—1977年间。上述交换的土地林场在解体时已退还给乙村，有证人证实；②原审法院判决适用法律不当。乙村与林场未经县级以上人民政府批准，该交换土地行为是无效的，不应适用原国家土地管理局《确定土地所有权和使用权的若干规定》第二十条、第二十一条有关规定。请求二审撤销原审判决，要求市人民政府重新作出处理决定。

中院经审理认为，乙村与林场在20世纪70年代调换土地并已实际使用多年属实，双方均无异议。由于年代久远，本院对双方调换土地是在1974年还是1977年无法认定，但这并不影响本案的定性。乙村在调换土地后长期进行了耕种，从未提出异议，直至1993年调换的土地被挖废后才提出要求收回被调出的土地，从而引发了土地所有权的纷争。市人民政府根据双方的申请，依据原国家土地管理局《确定土地所有权和使用权的若干规定》的有关规定，本着尊重历史、面对现实及妥善解决纠纷的处理原则，在有关部门相应核减了乙村被挖废土地农业税的情况下，将70年代调换给林场的8.77亩土地确权给林场的组建部门某镇人民政府并无不当，对乙村并不构成侵权。乙村认为林场已将8.77亩土地归还给该村，没有事实根据，本院对此不予采信。乙村的上诉理由不能成立，原审判决维持处理决定是正确的。据此，依据《中华人民共和国行政诉讼法》第六十一条第（一）项之规定，判决驳回上诉，维持原判。本判决为终审判决。

四、案例评析

纵观本案发生的特点，其起源在于70年代原丙村一组与乙乡林场出于方便生产、生活而进行的土地调换。这次调换之后并没有及时明确所有权的归属，为矛盾的发生埋下了伏笔。尔后1993年某河拓宽，致使原丙村一组换得的5亩土地全部被挖废，尽管其农业税也已相应核减，但对视地如命的农民而言，不论是经济上还是心理上都是一次较大的打击。再加上交换给乙乡林场的土地又被相邻的原丁村抢种，更加剧了心理上的不平衡，导致了案件的发生。本起案件凸显了土地对于农民的重要性，它既是重要的生产资料，又是农民赖以生存的基础，离开了土地，农民的生活就无以为继。随着耕地的日益减少和广大农民法律意识的日渐增强，农民开始拿起法律的武器维护自身的合法权益，这一点本身值得肯定，是一种巨大的进步。但是，由于土地的极端重要性，某些农民在利益面前失去了公正的立场，对不属于自己的土地权利也强去争夺，置尊重历史、实事求是的原则于不顾，提出无理要求，并试图通过群访、上诉等方式来达到目的，这种主张是不可能得到政府及法院支持的。

63. 口头协议能否作为划分相邻集体土地所有权界线的有效依据

一、争议当事人

申 请 人：甲村民委员会

被申请人：乙村民委员会

二、争议的基本情况

某河畔的甲村与乙村相邻。1974 年，在该河上修建大桥时，因返淤，在桥北侧形成一块 3 730 平方米的高台，其中桥以西 1 729平方米，以东 2 001 平方米，1996 年由于该镇修建公路，使这块昔日的荒地变成繁华地段。同年 8 月，甲村根据村镇规划，将这块地安排给村民建房。正在村民动工建设时，相邻的乙村则说该宗地应以大桥为界，东侧属甲村，西侧 1 729 平方米为乙村所有，并组织村民阻止甲村民在西侧施工，从而发生土地权属纠纷。在协商未果的情况下，甲村于 2000 年 6 月向市土地监察局提出申请，要求维护其土地所有权。

在主张权利时，乙村称：

（1）原任镇党委负责人曾说过："乙村与甲村以桥为界"。

（2）争议之地原为荒地，现在成了繁华地段，是因为建桥修路的缘故。而在建桥修路时，我村村民也出过力，作过贡献，理应共同分享这宗地。

甲村提供证据表明：

（1）争议土地解放以来，一直由甲村村民在此耕种。

（2）1974 年修建甲桥形成高台后，仍由甲村七组村民在此地经营管理。

（3）1990 年，甲村在此地上兴办了预制厂，并且本村七组村民在西侧建有临时经销店。

三、处理意见及适用法律法规

查阅 1998 年全国土地资源详查时的《市土地权属协议书》，有甲村、乙村及相邻单位加盖公章和负责人签字的《权属示意图》，因此争议土地属甲村所有。

根据《省处理土地权属争议暂行办法》第五条"一般性证据，口头协议服从书面协议，远期证据服从近期证据，当事人协议服从领导机关的处理决定，下级处理结论服从上级处理结论"的规定，原任党委负责人的"口头表态"应服从于具有法律效力的"土地权属协议书"。同时，根据原国家土地管理局《确定土地所有权和使用权的若干规定》第二十条"对农民集体所有的土地，按目前该村农民集体实际使用的本集体土地所有权界线确定所有权。"和《湖北省处理土地权属争议暂行办法》第十六条"乡、村民集体所有的土地，以土地权源调查中依法确定并经当事人签字的土地权属界线，作为确定土地所有权与使用权的主要依据"的规定，因此，桥西侧 1 729 平方米争议土地的所有权应属甲村农民集体所有。

四、案例评析

本案双方当事人的争议焦点主要是：哪些证据是划分相邻集体土地所有权界线的有效依据？我国现行法律、法规对于确定土地界线的有效依据缺乏明确的法律规定，既没有规定哪些行政决定、当事人协议可以作为有效的依据；也没有规定这些依据的法定方式和作出的具体程序；更没有规定当有多项依据而这些依据又相互矛盾时究竟以哪一项为准，这样就给实践中确定土地权属的界线造成了一定的困难。本案就是由于争议土地界线的划分曾经有两项互不相同的依据而引起的。本案乙村据以主张权利的依据是原任镇党委书记的"口头表态"，此口头表态是否可以作为确权依据已有疑问，更何况该口头表态未经各方当事人同意，因此难以作为确权的依据。甲村据以主张权利的依据是由两村签字并加盖公章的《权属示意图》，相当于当事人的书面协议，有较强的法律效力，因此应当将土地所有权确定给甲村农民集体。此外甲村一直占有、使用并管理着该争议土地，根据原国家土地管理局《确定土地所有权和使用权的若干规定》第二十条"村农民集体所有的土地，按目前该村农民集体实际使用的本集体土地所有权界线确定所有权"，也应当将争议土地所有权确定给甲村农民集体。

64. 村在集体土地上修建并管理的道路、水利设施用地，属于村农民集体所有

一、争议当事人

申 请 人：甲村村委会

被申请人：甲村第九村民组

二、争议的基本情况

争议地位于甲村南北向中心河道南端，该南北向中心河道由甲村村委会于1970年秋季组织全村村民开挖施工而成，是全村中心河，为全村的农田排灌之用，挖河占地面积当时由村统一调剂核减到各村民组。自1995年4月1日起该中心河道除用于排灌外，还用于水产养殖，由甲村委会组织发包，本村二组村民钱某承包，发包金额每年500元，上交村委会管理，并于1998年10月由市人民政府颁发了《农村集体土地承包经营权证书》。

甲村于1999年4月11日，将争议河道承包给本村二组村民钱某承包经营，钱某在承包河道上兴建了经营性临时建筑。甲村第九村民组认为，钱某在承包河道上兴建的临时建筑所占用的土地所有权属于第九村民组集体。理由是1970年开挖中心河道时，该地为第九村民组所属集体土地，1980年该组村民朱某承包该地。

甲村委会认为，该宗土地所有权属于村集体，理由为1970年开挖中心河道时，包括河面及河两侧各2米土地，由村在全村范围内统一调整核减。自1995年起至争议时，均由村委会发包给钱某经营。遂引发土地权属争议。

三、处理意见及适用法律法规

根据《中华人民共和国土地管理法》第十六条，原国家土地

管理局关于《确定土地所有权和使用权的若干规定》第二十一条、二十二条、二十三条之规定，市政府认为：该争议地为甲村中心河道水域用地，河道开挖占用土地时间为1970年秋季，已连续使用近30年，开挖河道占用的土地面积已在全村范围内作了调整。因此，认定该争议地为河流水域用地，土地权属为甲村集体所有。

四、案例评析

该类案件主要在土地用途发生变化或土地征用时突显出来，由于兴建乡镇道路或水利设施用地，乡镇政府或村委会对被用地村、组集体的补偿很少，甚至没有补偿。有的进行了土地调整，有的没有调整土地。当该类土地改变用途或被征用时产生了土地补偿或租赁收入，从而引发收益或补偿应该给乡（镇）政府、村委会还是村民组所有的争议，这在集体土地所有权确权过程中尤其值得注意。

65. 乡（镇）在集体土地上修建并管理的道路、水利设施用地，属于乡（镇）农民集体所有

一、争议双方当事人

申 请 人：甲镇人民政府

被申请人：甲镇某村三社

二、争议的基本情况

争议土地位于甲镇某路（甲镇至乙镇的乡镇级公路）甲村三社段，争议涉及土地面积0.41亩。该路是属于乡镇级公路，60年代初由原解放前一条便道扩建而成。现此路的甲村三社段于1962年扩道路共占地3.75亩（路长500米，路宽5米），扣除

实际占地 3.0 亩。1962 年 12 月 18 日因路面扩建原甲镇人民公社共调减甲村三社农业税面积 3.15 亩。

被申请人认为所争议的集体土地所有权应为本集体经济组织所有，认为申请人占用本社集体土地未经有权机关批准；未给本集体组织相应补偿；未减免农业税。

三、处理意见及适用法律法规

经调查见证人、知情人、调阅历史资料查实，现甲村三社路段于 1962 年扩道路共占地 3.75 亩（路长 500 米，路宽 5 米），扣除实际占地 3.0 亩；于 1962 年 12 月 18 日因路面扩建原甲镇人民公社共调减甲村三社农业税面积 3.15 亩。

在查实所争议的集体土地的所有权基本情况后，于 1999 年 1 月 28 日当地县国土局书面通知双方当事人，试图在宣传讲解有关确权法律、法规、政策的情况下，进行调解，但未果。随后，县国土局以《关于甲镇某路煤建段土地权属争议调查情况及处理意见的请示》呈报县人民政府。请示中依据原国家土地管理局《确定土地所有权和使用权的若干规定》第十九条、第二十二条之规定，特请县人民政府依法将所争议的集体土地所有权，面积 0.41 亩，确定甲镇农民集体所有。县人民政府于 1999 年 2 月 3 日作出批复，将双方当事人所争议集体土地所有权，确定给了甲镇农民集体所有。国土局按程序将县政府的确权批复送达到双方当事人后，双方均未提出行政复议和行政诉讼。

四、案例评析

本案当事人的争议较为简单：原属于村内两个以上农民集体所有的土地，在什么条件下以及经过什么程序才能转归乡（镇）一级农民集体所有。对此原国家土地管理局关于《确定土地所有权和使用权的若干规定》第二十二条规定“乡（镇）或村在集体所有的土地上修建并管理的道路、水利设施用地，分别属于乡（镇）或村农民集体所有”。本案当事人所争议的土地原属于甲村三社所有，但是甲镇人民政府已经将该土地用作全乡的公路用地，并为甲村三社减免了相应的农业税，因此该土地的所有权应当归属于甲镇全体农民集体所有。

66. 农民集体的土地由于自然灾害暂时无法利用，其土地所有权是否归于灭失

一、争议当事人

申 请 人：甲镇某村

被申请人：乙乡某村

二、争议的基本情况

1978—1980 年，位于甲镇某村与乙乡某村交界处的人字河因暴发洪水，导致河水改道，两村约 60 亩耕地水毁。此后，该处耕地一直闲置未能恢复。1996 年，甲镇某村组织全体村民对河道进行整治，并恢复原河道。与此同时，将原水毁地进行（连同原属乙乡某村耕地）复垦，同年工程完工，并分给农户耕种。1997 年春，乙乡某村提出对该处 30 亩水毁地的所有权，后虽经甲、乙乡政府多次组织协调却未达成协议。1998 年 10 月，乙乡某村向县土地矿产资源局提出解决申请，并提出如下理由：①该村 8 户农民 1950 年颁发土地证 8 份共计耕地 26 亩；②该村原耕地之间有空闲地 4 亩。

甲镇某村针对乙乡某村提出的理由，提出如下依据：①有几户村民 1950 年发证 10 份共计 28 亩；②1980—1996 年曾有 5 个村民在争议地段零星种植约 18 亩；③乙乡某村从 1980 年至争议时，未管理使用争议地；④此处水毁地全部由该村投资并恢复耕种条件，全部 60 亩应确定为该村所有。

三、处理意见及适用法律法规

当地县土地矿产资源局针对以上情况，进行了调查并查明：

争议地段共60亩，全部为耕地，双方提供1950年土地证及耕地亩数属实。1996年耕地复垦全部为甲镇某村投工投资，另有6亩土地属原河滩。根据以上事实，县土地矿产资源局依据《确定土地所有权和使用权的若干规定》第二章第四条、第三章第十九条之规定，作出如下处理决定：

（1）复垦土地26亩归乙乡某村。

（2）复垦土地28亩归甲镇某村。

（3）原河滩部分6亩土地归国有。

（4）鉴于在土地复垦中，由甲镇某村投资，归乙乡某村的26亩土地，由甲镇某村耕种3年，第三年秋收后交付乙乡某村管理使用。另6亩河滩地由甲镇某村管理使用，土地所有权性质不变，国家需要时无偿退出。

四、案例评析

本案双方当事人争议的焦点是：集体所有的耕地经河流改道等自然原因发生变化后其所有权归属是否发生相应的改变？如果发生的，其所有权归属应当如何确定？其法律依据是什么？

本案当事人所争议的土地共计60亩，其中28亩原属于甲镇某村的耕地，26亩原属于乙乡某村的耕地，对此双方均有1950年颁发的土地证为证。另外6亩原属于河滩地不属于任何一个农民集体，根据《中华人民共和国宪法》、《民法通则》及《土地管理法》的规定应当属于国家所有。由此看来争议土地原来的所有权归属是明确的，但是后来由于河水改道将原耕地冲毁，双方当事人对于各自所有的那部分土地就一直没有加以利用，此时双方的集体土地所有权是否灭失？对此我国的法律没有一处规定农民集体的土地由于自然原因暂时无法利用就归于灭失，因此该土地的所有权并不因此而发生变化，仍然归属于原土地所有者。后甲镇某村对系争土地进行开发利用，也不能因此而取得乙乡某村所有土地的所有权，因为其对乙乡某村所有土地利用的年限并未达到原国家土地管理局关于《确定土地所有权和使用权的若干规定》第二十一条规定的 20 年。所以系争土地的所有权仍然应当按照原来的归属加以确定。至于甲镇某村为改造属于乙乡某村的土地所支出的费用，根据《民法通则》第九十二条的规定构成不当得利，应当由乙乡某村偿还，本案人民政府确定由甲镇某村无偿使用属于乙乡某村的土地 3 年正是基于此考虑。对于原属于国家所有的 6 亩土地所有权仍然归于国家，但是根据《土地管理法》及《确定土地所有权和使用权若干规定》可以确定给现使用该土地的农民集体使用，具体到本案就是确定给甲镇某村使用。

67. 因时而异，调地协议书能够作为土地确权的重要依据

一、争议当事人

申 请 人：甲村

被申请人：乙村

二、争议的基本情况

甲村与乙村集体土地所有权争议的土地，位于甲村东北、乙村西南，分为南北争议地：北争议地面积 151 亩，南争议地面积 240 亩。南争议地大部分为耕地，其中有少量轮歇地、草地和林地；北争议地为洪水冲刷后的再造地。南北两块争议地从 1977 年 9 月 6 日至 1998 年本案发生时止，21 年时间内，一直由甲村经营、管理或耕种，因有轮歇地、草地，1998 年乙村村民满某以个人名义使用，并且租给他人耕种至本案发生，形成土地权属争议。

甲村村委会认为：争议地 1977 年 9 月 6 日本案双方签订过《调地协议书》，尔后一直按协议进行经营管理或耕种。该协议是 70 年代大搞农田基本建设，渠、路、村、田四配套的历史背景

下，两村为农业生产方便，在中证人（当时的前通渠主任）朱某的参与下协议，一致同意把远离甲村、靠近乙村的公路以东、河堤以北、属于甲村的四片地调为乙村所有。同样把远离乙村、靠近甲村属于乙村的四片地调归甲村所有。土地所有权界线在协议中记载明确，现正是权属争议的范围之内。当时的双方当事人以及中证人都仍健在，甲村党委书记张某写了证明，牛某书面证词也证明该协议书的真实性。曾任乙村大队领导的郝某对协议没有提出异议，协议应作为本案定案的主要证据。

甲村提供了 1975 年 8 月 26 日与某地质勘探公司签订的用地协议中有部分土地在目前争议地内，该协议可证明部分争议地 1975 年已为甲村实际使用。在争议土地上还有本村村民的四座祖坟、解放前购买土地的证明，有 1985 年土地登记簿，记载了该土地承包人名单。

乙村村委会认为：乙村与甲村调地的协议是不成立的，不具备法律效力。其理由：该协议没有双方法人代表签字，也没有双方单位的公章。乙村提供了 1953 年满某《土地房产所有证》。根据《土地房产所有证》，争议地应归乙村所有，争议土地内甲村栽种约 10 亩左右归甲村经营与使用。

三、处理意见及适用法律法规

根据《确定土地所有权和使用权的若干规定》第十一条规定："河道堤防内的土地和堤防外的护堤地、无堤防河道历史最高洪水位以下的土地，除土改时已将所有权分配给农民，国家未征用，迄今仍归农民集体使用外，属于国家所有。"，第二十一条规定"农民集体连续使用其他农民集体所有土地已满 20 年的应视为现使用者所有"的规定，市政府在调查情况后做出如下处理决定：

（1）南争议土地的所有权和使用权确认给甲村。

（2）北争议土地虽然过去是甲村的集体土地，但由于历次洪水冲刷，土地灭失，集体土地所有权已归于消亡，因此北争议土地的所有权为国有土地，使用权确认给甲村。

决定下达后，乙村不服市人民政府下发的处理决定，向省人民政府申请复议。省人民政府复议机关维持了市政府《关于甲村与乙村集体土地所有权争议的处理决定》。复议后，乙村不服，又向区人民法院提起诉讼，区法院认为：处理决定事实清楚，证据充分，适用法律正确，维持原处理决定。

四、案例评析

（1）1977 年 9 月 6 日乙村和甲村签订的《调地协议书》是不容忽视的客观事实，是解决本案土地争议的主要证据。

甲村提供的《调地协议书》是在 70 年代大搞农田基本建设时根据渠、路、村、田四配套的政策要求，两村为了方便生产、管理，并解决历史遗留的地界纠纷而签订的，当时参与调地协议的经办人：甲村书记张某、村主任部某和村民董某，乙村领导郝某、杨某等及中证人前通渠主任牛某现都健在，张某、部某、董某、牛某均在证词中证明了《调地协议书》的客观存在，乙村领导郝某至今没有明确否定《调地协议书》存在，事实上采取了默认态度。

这里需要指出：两队调地协议书确实存在许多不严谨的地方，如没有加盖公章，协议书的起草以及两队领导签字均系牛某一人所为等。但是在当时土地管理有关法律不完备的情况下，《调地协议书》对解决两队的土地所有权纠纷确实起到了重要的协调作用，并且从协议签订到 1998 年长达 21 年没有发生争议，这是不容忽视的事实。

还应当指出：1977 年 9 月 6 日以后颁布的法律对 1977 年以前的法律行为不具有溯及力，所以认定协议是否有效只有一个标准，从实际出发，通过调查取证看其是否真实存在并产生作用。

（2）本案涉及的 391 亩争议地从解放前到土改，建立合作社、人民公社，半个世纪以来自始至终由甲村村民使用，该村祖祖辈辈耕耘、管理这块土地，包产到户种田、植树，这是有目共睹的事实。1977 年 9 月 6 日，《调地协议书》主要作用是为了方便生产，避免纠纷，互换四片地，并进一步明确两队地界。协议履行后，从 1977—1998 年共计 21 年无争议。因此，现在争议地 391 亩应属甲村。乙村坚持认为该争议地一直属该村农民集体所有，只是在 1977—1998 年被甲村无理占用。根据《确定土地所有权和使用权的若干规定》第二十一条关于“农民集体连续使用其他农民集体所有土地已满 20 年的，应视为现使用者所有”的规定，该争议地也应属甲村所有。

（3）乙村提供的 1953 年满某的《土地房屋所有证》，一是不能证明《土地房屋所有证》中记载的村西南、村南土地 153.1 亩在该争议土地范围内。二是因 50 年的历史和政策变迁，已失去了证据作用，它只能证明曾经存在的历史事实，而不能证明已经发展变化了的土地权属现状。

北争议地虽然过去是甲村的集体土地，但由于历史上洪水的冲刷、土地灭失，集体土地所有权已归于消亡，但甲村对退洪后的土地进行耕种，因此北争议土地所有权应为国家所有，使用权确认给甲村。

68. 集体土地进行调整的，按调整后的现状进行确权

一、争议当事人

申 请 人：甲村二社

被申请人：甲村茶场

二、争议的基本情况

1996 年 3 月，某县因建火力发电厂需征用甲村茶场部分土地，甲村二社提出征用土地中有部分应属二社集体所有，要求征

地补偿费归二社集体。

甲村二社认为，1952年土改时，本社社员覃某、向某、翁某等人均分有部分土地、山坡，从1964年起二社一直栽种和管理，1979年办茶场要求各社投入土地，实行分红方式。根据大队地多多分、地少少分的分红方式，二社投入土地7亩多，其中耕地4亩，荒草地3亩多，其土地应属二社集体所有。提出征用村茶场土地中有二社投入土地约7亩，要求得到相应的土地补偿费。

甲村茶场则认为，村茶场土地的来源是1968年上级号召发展茶叶生产，经村社干部会议决定，在原有村猪场的基础上再由各社将能种茶的土地投入到村里而兴办的茶场。会议还议定，茶场收益分配为村占50%，各社投入土地占30%，各社投入开荒劳力（工分为准）占20%的分红方案。甲村在1983年再次组织各社社长和村干部实地勘丈了各社投入土地并记录载册，并以此丈量记录为投入土地分红的基本数据。为了维护并稳定村办茶场这一集体经济，还决定了茶场土地长期不变，由村管理、使用、所有。因此，村茶场从建立至今一直由村负责该茶场的管理及享有土地使用、收益、分配权，其土地应属村集体所有。

三、处理意见及适用法律法规

根据原国家土地局《确定土地所有权和使用权的若干规定》第二十条“村农民集体所有的土地，按目前该村农民集体实际使用的本集体土地所有权界线确定所有权”。根据《六十条》确定的农民集体土地所有权，下列原因发生变更的按变更后的现状确定集体土地所有权。由于土地开发、国家征地、集体兴办企事业或者自然灾害等原因进行过土地调整的。第二十一条“农民集体连续使用其他农民集体所有的土地已满20年的，应视为现使用者所有；连续使用不满20年或者虽满20年但在20年期满之前所有者曾向现使用者或有关部门提出归还的，由县级以上人民政府根据具体情况确定土地所有权”的规定和《当地省土地管理实施办法应用中若干问题解答（试行）》的通知中第二十一问“因各种原因未取得合法手续遗留下来的权属关系如何确定”第五款中指出：“农业集体经济组织之间的调整，土地权属关系发生变化的，经营三年以上，当时被调整方未提出异议，直至现在仍在继续经营的，其所有权为经营者所有”的规定，因此国土资源部门将争议土地确定为村集体所有。

四、案例评析

这是一起比较典型的村、组间集体土地所有权争议案件。从案例中可以看出，村集体和组集体之间土地的所有权争议，往往在土地征用、转用等涉及经济补偿时突现出来，因此要求各级国土资源管理部门，尽快积极做好集体土地所有权的调查、登记发证工作，从法律上明确各集体土地所有者的合法权利，满足国土资源管理工作的需要。

69. 村农民集体所有的土地，按目前该村农民集体实际使用的本集体土地所有权界线确定所有权

一、争议当事人

申 请 人：甲村委会

被申请人：甲村第一居民组

二、争议的基本情况

争议之地坐落在甲村的某果园，经现场勘验，面积大约为110亩。争议之地其中约103亩在1962年“四固定”时固定给原某大队集体所有，其中约7亩固定给原大队第一生产队所有。1964年，原大队成立专业队，在争议之地上开荒、垫地，栽上苹果树、梨树。以后大队两次扩建果园占用原第一生产队（1981

年分为第一、第十三居民组）的土地（合计约7亩），每次占地大队都召开各生产队队长会议进行研究，两次会议均决定以调整土地的方式解决扩建果园占地问题。同时，争议双方均都同意会议决定。第一次扩建果园是1967年，大队将约2亩的稻田地调整给原第一生产队所有，原第一生产队将其在现争议之地内的耕地约2亩调整给大队所有。第二次扩建果园是1978年，大队将约6亩的稻田地调整给原第一生产队，原第一生产队将其在现争议土地内的耕地约5亩调整给大队。两次扩建果园大队共用土地约8亩兑换原第一生产队的土地约7亩。换地后，大队占用争议之地栽上果树，经营管理至今。原第一生产队耕种调整所得的土地至今。1982年实行联产承包责任制时，原第一生产队分为现在的第一、第十三居民组。原大队更名为现甲村委会，争议之地在甲村委会土地范围之内。自1982年开始，甲村委会将争议土地上的果园两次发包至1999年末。2000年甲村委会再次将争议之地上的果园两次发包经营，甲村第一居民组以争议之地应归他们所有为由与申请人发生争议，经当地镇政府调解无效。

申请人称：双方争议之地在1962年“四固定”时固定给甲村委会集体所有，1964年村成立专业队在争议土地上开垦荒地建果园，从1964年至今一直由村统一经营管理，争议地土地所有权应归甲村农民集体所有。

被申请人称：争议土地是甲村第一居民组的荒山，里面有第一居民组的耕地，1967年被村委会强行栽上果树，至今未给予补偿，争议之地应归甲村第一居民组集体所有。

三、处理意见及适用法律法规

申请人向县人民政府提出土地确权申请，县人民政府经过调查研究，在查清该争议土地的历史事实与现状的基础上，根据《中华人民共和国土地管理法》第十六条“土地所有权和使用权争议，由当事人协商解决；协商不成的，由人民政府处理。”之规定，以及原国家土地管理局《关于确定土地所有权和使用权的若干规定》第十九条："土地改革时分给农民并颁发了土地所有证的土地，属于农民集体所有；实施《六十条》时确定为集体所有的土地，属农民集体所有。依照第二章规定属于国家所有的除外。"第二十条："村民集体所有的土地，按目前该村农民集体实际使用的本集体土地所有权界线确定所有权。根据《六十条》确定的农民集体土地所有权，由于下列原因发生变更的，按变更后的现状确定集体土地所有权。(一) 由于村、队、社、场合并或分割等管理体制的变化引起土地所有权变更的；(二) 由于土地开发、国家征地、集体兴办企事业或者自然灾害等原因进行过土地调整的；(三) 由于农田基本建设和行政区划变动等原因重新划定土地所有权界线的，行政区划变动未涉及土地权属变更的，原土地权属不变。"和第二十一条："农民集体连续使用其他农民集体所有的土地已满 20 年的，应视为现使用者所有；连续使用不满 20 年，或者是虽满 20 年但在 20 年期满之前所有者曾向现使用者或有关部门提出归还的，由县级以上人民政府根据具体情况确定土地所有权。"之规定，于 2001 年 9 月作出行政处理决定书，确定争议土地的土地所有权归甲村农民集体所有。

根据《中华人民共和国行政复议法》第六条第四款："对行政机关作出的关于确定土地、矿藏、水流、森林、山岭、草原、荒地、滩涂、海域等自然资源的所有权或者使用权的决定不服的，公民、法人或者其他组织可以依照本法申请行政复议"之规定，被申请人甲村第一居民组在规定时间内向市人民政府提起行政复议，市人民政府于 2002 年 1 月作出行政复议决定书。维持县人民政府作出的行政处理决定。争议双方没有提起行政诉讼。

四、案例评析

这是一起典型的集体土地所有权争议案。甲村委会与甲村第一居民组因 110 亩土地发生权属争议，经调解不成，申请县人民政府处理。依据《中华人民共和国土地管理法》第十六条规定："单位之间的争议，由县级以上人民政府处理"，县人民政府在查清事实基础上，作出处理决定，将争议地所有权确定给甲村农民集体。

这起土地权属争议案的主要特点：群众对“四固定”认识不清，对土地权属变更不了解。本案中，争议之地在“四固定”时已固定给了甲村委会和甲村第一居民组。甲村委会在1967年和1978年两次占用甲村第一居民组的耕地时，都经过各居民组组长会议研究，并给甲村第一居民组予土地进行补偿。两次调整耕地时，土地所有权归属已发生了变更。

县人民政府所作出的处理决定，遵循了两条原则：一是尊重历史事实。争议之地在实施《六十条》时确定给了甲村委会集体所有；二是从实际出发，甲村委会与甲村第一居民组的两次调整土地，符合原国家土地管理局《关于确定土地所有权和使用权的若干规定》第十九条、第二十条、第二十一条的规定。

总之，县人民政府所作出的土地权属处理决定，做到了以事实为根据，以法律为准绳，是正确的处理决定。

70. “四固定”没有书证应如何认定权属

一、争议当事人

申 请 人：甲村、乙村

被申请人：甲经济联社、丙村、丁村

二、争议的基本情况

1993年某市经济开发试验区征用山岭进行建设，因征地费分配问题发生纠纷，经开发区多次协商，没有结果，该区甲联社、甲、乙、丙、丁村分别向市政府申请，要求对该山岭进行确权。

争议岭坐落在市经济开发试验区甲、乙两村西面，面积约

50 亩。争议岭在解放初期是荒山，“土改”时期政府对该岭未确权；1958 年，甲、乙、丙、丁四村合为某中队，半年后解散；1962 年“四固定”时，甲联社用会议的形式宣布将该岭划给了甲、乙两村所有，并在争议岭上种植松树、木麻黄树和油加利树等，并逐年收益。1982 年“三定”时，争议各方均未领有政府颁发的山林权证。从 1970 年开始，甲、乙两村部分群众到该岭采石；1982 年这两村在争议岭开荒约 5 亩，种花生、木薯等农作物。1992 年某矿厂征用该岭部分土地，付给甲、乙两村征地费和青苗补偿费。甲、乙两村使用争议岭期间从未发生过争议。在 1993 年 4 月开发区征用该岭，联社组织下属经济社负责人开会，除甲、乙村外，其他各经济合作社负责人同意争议岭征地由甲居委会（经济合作联社）统管。

1994 年 7 月市政府作出《处理决定》，将争议岭所有权和使用权确定给甲、乙两村，甲联社、丙村、丁村不服，提出了起诉和上诉，开发区法院、市中院一审二审均维持政府的裁定。

三、处理意见及适用法律法规

山林土地纠纷确权的主要依据是我国在“土改”、“四固定”、林业“三定”等时期颁发的有效确权书证，但是该案的争议各方均没持有书证。调处此案主要是从历史现实出发，查证各历史时期的经营使用事实和各重要时期有关人员的陈述和历史资料作为确权的重要依据，并对现状和历史进行综合分析，才能准确、合理地确认权属。

《关于确定土地所有权和使用权的若干规定》第十九条规定：“实施《六十条》时确定为集体所有的土地属农民集体所有。”当地有关文件规定：“农村集体经济组织的土地所有权，按‘四固定’时的权属不变”。根据这些规定，本案关键的问题是在各方均没有“四固定”书证的情况下，如何认定争议岭的归属。甲联社、丙村、丁村均认为“四固定”时各方没有权属书证，争议地就不能落实给任何一方所有；而甲、乙村却认为 1962 年甲联社在大会上宣布了全大队落实山岭的决定，并将争议岭落实给这两村所有。经查实，“四固定”时的公社辖下的各大队都对土地、山岭进行了分配和落实，但由于各种原因，全公社都没有填证、发证。争议岭是在这样的情况下，由大队书记在大会上宣布，将争议岭落实给甲、乙两村。当时在大队蹲点的公社干部也参加了土地、山岭的划分，其他知情人提供的证词也是一致的。从1962年起甲、乙两村对争议岭经营使用达30多年，均没有异议；在“四固定”时期，有些地方对土地的确权是由领导在大会上宣布落实方案，各村各阶段按方案实施，没有具体文字书证，这是当时的历史现实。我们不能一概而论地认为没有书证，就不是落实权属。从历史唯物主义的观点出发，在其他证据、理由充足的情况下，可以认定其已确权。原国家土地管理局《土地权属争议处理暂行办法》第三条“处理土地权属争议，应当从实际出发，尊重历史，面对现实，以法律、法规和土地管理规章为依据”，中华人民共和国林业部令《林木、林地权属争议处理办法》第三条“处理林权争议，应当尊重历史和现实情况，遵循有利于群众的生产生活原则。”通过对历史事实、经营收益等事实的综合分析应认定争议地1962年“四固定”时已落实给甲、乙两村。

丙、丁两村与甲、乙两村曾合并为乙中队，丙、丁村是否应共同拥有争议岭，这是本案的另一问题。1958年“大饭堂”时期，丙、甲、丁、乙四村合并为乙中队，年底“大饭堂”解散，乙中队又一分为四，合并时间短，期间也没有共同使用过争议岭。1962年争议岭落实给甲、乙两村，且一直使用管理争议岭至征地时，期间丙、丁村从没提出过异议，也没有使用争议岭的事实。根据原国家土地管理局《关于确定土地权属问题的若干意见》第十条第一款规定：“村农民集体所有土地，一般按该村农民目前实际使用的本集体的界线确定所有权”。当地有关文件规定：“农村集体经济组织的土地所有权，按‘四固定’的权属不变”。因此丙、丁两村以甲、乙两村曾合并过的事实为由而主张争议岭的权属，理由不充分，没有法规依据。

1993年4月开发区征用争议地后，甲居委会召开所属社队干部大会，以争议岭未划分为由，不理甲、乙村反对，决定争议岭由经济联社统管，这一事实可否作为确权给经济联社的依据，是本案的又一问题。经济联社作为一集体组织，它可以拥有争议地的所有权和使用权，但必需是在合法前提下。经济联社对争议岭既没有各时期的确权依据，又没有使用管理事实，而以会议的形式将下属经济合作社的土地强行划归为已有，显然是不合法的。《土地管理法》第十三条规定："土地的所有权和使用权受法律保护，任何单位和个人不得侵犯"。经济联社以上级自居，把不属于自己的土地征地费进行统管，是一种不依法行政的行为。

四、案例评析

随着我国城市建设的扩展和农村"三高"农业的发展，农村集体土地被开发而升值，因此集体土地纠纷不断发生。只有认识历史和有关法规以及它们之间的内在联系，才能准确地确定农村集体土地所有权和使用权。

集体土地所有权是集体土地所有制在法律上的表现。在主体上，集体土地所有权的主体是非单一的，而是具有法人资格的各个组织，如农村经济合作社等。在内容上，占有、使用、收益、处分四项权能可以结合也可以独立，集体土地所有者有权使用自己拥有的土地，集占有、使用、收益、处分的权能于一身；也可以通过土地承包，签订合同将土地的收益、使用权能分离出去，由农民个人享有；也可以以土地使用权作为条件与全民所有制企业联营。而集体经济组织依照法律或按照约定取得收益和经济补偿则是处分权能的体现。

集体土地所有权同其他财产所有权一样既不是天赋的，也不是永恒的。集体土地所有权有它产生、发展、变更和消灭的过程，了解集体土地所有权和使用权产生的方式，即权属的历史来源，以及它们变更和消灭的法律依据、法律事实，对于准确地判断集体土地所有权和使用权的归属具有重要意义。我国集体土地管理历史经历了多个阶段：土地改革至合作化时期，这一阶段先是废除了地主阶级封建剥削的土地制度，实行耕者有其田，没收了地主及富农多余的土地分给无地、少地的农民，并颁发了土地所有证。合作化到1962年“四固定”阶段。1958年全国实行人民公社化，合作社的土地转为人民公社集体所有。1960年底中央开始纠正“一大二公”、“一平二调”的错误，清理和退还了平调生产队的土地和其他财物。1962年《农村人民公社工作条例修正草案》即《六十条》中规定，生产队范围内的土地都归生产队所有，但当时对土地的固定搞得不认真、不慎重，很多没有文字根据和图表资料，造成许多矛盾。1962—1982年《国家建设征用土地条例》和《村镇建房用地管理条例》公布施行阶段，此期间土地管理机构解散，土地基本上处于无人管理状态。各社队搞平田整理，搞水利建设，改造荒山荒坡，打乱了“四固定”时的土地权属，从而埋下了大批土地权属争议隐患。1982年以后，是农村集体土地权属相对稳定时期，1982年国务院颁布了两个条例即《国家建设征用土地条例》和《村镇建房用地管理条例》，城乡建设用地逐步纳入法制轨道，同年又进行了“林业三定”，对农村山岭进行了较全面的确权，并颁发了山林权证。1986年《土地管理法》施行，开始了依法全面管理土地的新时期。这一阶段影响土地权属的另一主要因素是农村实行土地联产承包责任制。土地承包经营以后，原生产队基本核算单位发生了变化，有的解体，有的虽然是一个经济实体但更名为村、组。这种变化造成现时集体土地的所有权主体模糊，所以在核发土地证或当国家建设征用土地时，究竟谁为集体土地所有权的主体，出现了一些争议。在1982年落实林业“三定”时，由于当时工作不够细致，基层不重视等原因，造成有些山岭出现一山多证和无证的现象，也是山岭纠纷原因之一。

对不同时期造成的集体土地纠纷，国家制订了相应的处理纠纷的政策、法规。在处理农民集体土地纠纷时，应严格遵守有关处理集体土地纠纷的政策、法规。《确定土地所有权和使用权的若干规定》第十九条规定："土地改革时分给农民并颁发了土地所有证的土地，属农民集体所有"，林业部令［1996］第10号第七条"土地改革，人民政府依法颁发的土地证、土地改革时期《中华人民共和国土地改革法》规定不发证的林木、林地的土地清册，可作为处理林权争议的依据"等。这是针对"土改"时的法律法规。当地文件规定"农村集体经济组织的土地所有权，按'四固定'时确定的权属不变"。《确定土地所有权和使用权的若干规定》第十九条"实施《六十条》时确定为集体所有土地属农民集体所有"等为"四固定"时期有关法规。每一条法规都与每一时期有密切的联系，都集中体现了"从实际出发，尊重历史，面对现实"的原则，在处理农村集体土地纠纷中，自始至终都必须坚持这一原则。

71. 争议双方自己签订协议是否有效

一、争议当事人

申 请 人：甲村经济合作社（以下简称甲社）

被申请人：乙管理区经济联合社（以下简称乙社）

二、争议的基本情况

1998年3月，市林业局林业发展有限公司，利用世界银行的贷款，在乙管理区二级林场的争议四岭炼山备耕时，该管理区甲村经济合作社（以下简称甲社）提出争议，向乙管理区经济联合社（以下简称乙社）主张权属，要求林业发展有限公司将承包款全部支付给甲社所有。

争议岭解放后是甲社种植油茶树，管理收益芒草的山岭。

1962 年，该社领取了县人民委员会核发的争议四岭的土地权属证，四至准确，已全部包含了争议岭。1964 年，乙社从各生产队抽调劳动力，成立大队、生产队联合经营的二级林场，还先后在争议岭种上了桉树、柠檬桉、楠木、橡胶、松木，并口头宣布以后收益时按二八分成，生产队得二成，大队得八成。林木成材后，二级林场间伐过桉木建屋，摘柠檬桉叶蒸油，开割橡胶。60 年代，甲社也在争议岭西截种植柠檬桉、桉树。1980—1983 年期间，乙社在县林业局的资助下，在争议岭种湿地松。1982 年发放山权林权证期间，乙社林场领取了争议岭的山权林权证。1995 年 6 月 7 日，乙社与甲社社长及其他各村合作社的社长、党员召开会议，决定将乙管理区二级场经营的湿地松及山地（1982 年填有山权林权证及管理区划到农户的责任山）从 1995 年起承包给市林业局经营，时间五十年，并订立决议，到会代表都签了字。1997 年 10 月，林业局砍伐争议岭林木，于次年春炼山备耕时引起了权属纠纷。

1998 年 7 月 8 日，市人民政府作出《关于争议四岭权属的处理决定》，将争议岭的权属处理给甲社所有，撤销乙社林场所持争议岭 1982 年的山权林权证，维持双方签订的大会决议。《处理决定》发出后，双方在领文后三十天内，既不申请市人民政府复议，也不向人民法院起诉，服从政府的处理。

三、处理意见及适用法律法规

这是一宗典型的二级林场山岭权属纠纷案，双方都领有书证，只是领证所处的年代不同；双方又在大会上共同签订大会决议。调处好此类案件，主要是要弄清二级场的性质和经营情况，以及对书证的有效性作正确的认定，才能正确、客观地确认争议岭地权属的归属。

乙社二级林场从 1964 年起长期经营使用，已超过 20 年，争议岭权属是否转移？乙社认为，原乙社林场管理收益争议岭已经 34 年。超过了《确定土地所有权和使用权的若干规定》第二十一条“农民集体连续使用其他农民集体所有的土地已满20年的，应视为现使用者所有”的20年期限，所以争议岭的权属应归乙社所有。就连一部分乡镇领导也坚持这个观点。查明：1964年原乙社成立林场（准确来说应该是林业队）时，是按各村（生产队）的劳动力多少，并以3%的比例，从各村抽调劳动力组成林业队的，这些抽调给大队林业队使用的林业队员，其报酬还是回原来所在各村领取的，是按三人平均工分去计算其出工的，与当时的民办教师和大队干部、粮食加工（辗米）人员一样计酬。这些林业队员所负的职责就是响应当时国家“消灭荒山、绿化祖国”的伟大号召，负责在大队范围内的山岭植树造林。同时，在成立二级林场时，大队曾口头宣布，收益按二八分成，即山权队得二成，大队得八成。同时当地《关于稳定山权林权和落实林业生产责任制的决定》第一条第二点、第三小点规定：有些地方将原属生产队所有的山林收归大队，这些山林如果现在经营得好，经过原属生产队群众同意，可以由大队经营；如果互利政策处理不当，群众有意见，可解决互利问题，或采取联营办法，加以解决。乙社二级林场是两级所有的林场，其经营过程不是一个农民集体使用另一个农民集体所有的土地的行为，而是联合经营，土地权属并未发生转移。

争议双方所持的两个时期的书证，应肯定哪一个？这是本案确定山岭权属的关键。甲社所持争议岭1962年的土地证是通过合法程序领取的，是有效权属凭证。《关于稳定山权林权和落实林业生产责任制的决定》第一条第二款对此发放山林权证书作了这样的规定：这次落实山权林权，应当以“四固定”时确定的山权林权和“四固定”以后签订的有关合约、协议为基础。所以这次发证，应当按政策将山林权证填发给持有“四固定”土地证的甲社，而不应填发给没有“四固定”土地证的低山乙社林场。因此，乙社林场在申领争议岭山权林权证时，就已经违反了有关发证的政策，是无效证。

双方签订的关于争议岭的代表大会决议是否有效。联合社参加会议的各村合作社社长和党员代表，大家一致认定 1995 年 6 月 7 日所签订的大会决议是各村自愿与林业局签订的，没有任何诱骗和逼迫现象。根据当地有关文件规定：在调处山林纠纷时原则上要维护过去（解放后包括“三定”以来）已经调解签订的合约、协议，不能推倒重来。说明 1995 年 6 月 7 日所签订的大会决议是有效的。

市人民政府对争议岭权属作出的处理决定，遵循了“以事实为依据，以法律为准绳”的原则。争议四岭解放后一直是甲社所有的山岭，解放前后就在争议岭收益柴草、摘油茶子榨油。1962 年“四固定”时，县人委给该社核发有土地证，争议岭权属无疑属该社所有。原乙社林场于 1964 年组织各队抽来的林业队员在争议岭种木，是特定历史时期的产物，是一种大队、生产队两级联合经营的行为，其性质与农民集体使用其他农民集体所有的土地这种行为有本质的区别，所以不论林场经营的时间有多长，山岭权属都未发生转移。1982 年低山大队林场领取争议岭的山权林权证，明显违反了《关于稳定山权林权和落实林业生产责任制的决定》的规定，因此，原乙社林场所领的争议岭山权林权证是无效证据。1995 年 6 月 7 日，为了促进林业生产的发展，乙社组织所属各村合作社法人代表及全体党员召开大会，与会代表均签名同意将争议岭发包给市林业局经营，是一种自愿行为，事后不能反悔。基于以上事实，对照有关处理山林纠纷的政策，政府将争议岭的权属确定给甲社所有，维护双方签订的协议，是正确的，也有利于林业生产的发展和社会的安定。

四、案例评析

行政诉讼法自 1990 年实施后，政府作出的行政行为，对山林土地权属作出的处理决定，要求事实清楚，适用法律正确，处理恰当，对参与争议的各方当事人即主体要明确。以上任何一项，政府认定如果不当，都经不起复议机关和人民法院的审理。

《中华人民共和国森林法》第十四条规定："集体所有制单位之间发生的林木、林地所有权和使用权的争议，由县级以上人民政府处理。个人之间、个人与全民所有制或集体所有制单位之间发生的林木、林地所有权和使用权的争议，由当地县级或者乡级人民政府处理。"这样，对受理林地、林木争议案件的职权范围作了明确的规定，使各级政府各司其职、各负其责，避免互相推诿，也避免了滥用权力的现象。

二级林场，顾名思义就是指原生产队集体时期，大队、生产队两级联办，两级所有的林场，其经营模式是联合经营，是从大队属下各生产队抽调劳动力，暂时在林场种植林木、管理林木的临时性组织，其经营的山岭是从各生产队抽来的，其经营性质与农民集体使用其他农民集体的土地有本质的区别，不能混为一谈。特别是县级以上人民政府从事调处山林土地纠纷的工作人员，要正确认识，加以区别。

对于确权的主要依据——书证，要更加重视。要熟练掌握好以哪个时期的书证为重，哪个时期的为轻，不能掉以轻心。目前为止，我国对山岭土地发了三次证：一是解放初 1953 年的土改发证；二是 1962 年的"四固定"发证；三是 1982 年林业"三定"发证。综观三次发证，"四固定"发证前已经过了土地大调整，因此，如同时有土改证和"四固定"土地证的，按粤府［1983］128 号文第二条第一款的"确定山权林权，应当以'四固定'时确定的权属和经营范围为基础"的规定，可以不考虑土改时的证。对于 1982 年所发的山权林权证，如果是按粤发［1981］34 号文第一条第二款"这次落实山权林权，应当以'四固定'以后签订的有关合约、协议为基础"的规定核发的，可以认定。反之，则不予认定。本案市政府撤销乙社所持有的争议四岭 1982 年的山权林权证，因其领证前，没有"四固定"的土地证及有关合约、协议，土地来源不清，即使领到证，也违反政策，属错发，应予撤销。所以，不能只看书证，不究根源，以免办错案。

对于双方自愿签订的关于山林土地权属的一切协议、合约等，按相关规定要维护，不能推倒重来。但是，对那些双方自愿签订的大会决议或大会决定，虽然名称不同，但其内容与协议一样，签名程序也与协议一样，是双方自愿的民事行为，没有任何行政命令色彩，政府处理时，应给予认定。本案 1995 年 6 月 7 日双方签订的“代表大会决议”就属这类情况，所以政府确权时应给以认定。

72. 此块宅基地权属应归村委会联社所有

一、争议当事人

申 请 人：甲经济联合社

被申请人：乙村经济合作社

二、争议的基本情况

甲经济联合社在某峰腰处有丘旱地，四至为：东至地边，南至地边，西至入甲地公路边，北至地边，面积 87 平方米。60 年代期间，该村经济合作社社员邱某将旱地借给乙村经济合作社社员石某做堆柴草用。1973 年，乙村经济合作社社员又将该旱地让给甲经济联社（原大队）建屋做粉铺用，甲经济联合社（原大队）便在该旱地建起了三间砖瓦房。1953 年“土改”时及 1962 年“四固定”时，此三间屋及宅基地均未经政府发证确定所有权归谁。1992 年，甲经济联合社申报该三间砖瓦房的用地证。1996 年，当地市政府核发了该地 87 平方米的《集体土地建设用地使用证》给甲经济联合社。

1997 年 8 月，大雨淋崩了甲经济联合社的三间房屋，乙村经济合作社称争议地是该社的，该社蓝某经原大队长与本社社员商量用地时，口头承诺以石灰作租金使用该地，待今后屋崩或拆除时还地。并提供有该石灰厂厂长的书面证词，但没有收取租金的书面收据及租地协议，便阻止甲经济联合社重建房屋。甲经济联合社向市人民政府申请确权。1997 年由市人民政府作出处理决定，将该地的权属确给甲经济联合社，但乙村经济合作社不服，向市人民法院提起行政诉讼，请求判决撤销该决定。1998 年市人民法院以石灰作租金租用该土地为由而撤销原处理决定，由市人民政府重新作出处理。同年，甲经济联合社不服，便上诉于市中级人民法院，市中级人民法院审理认定以石灰作租金租用该土地没有事实依据而撤销市人民法院的判决，维持市人民政府的处理决定。

三、处理意见及适用法律法规

这是一起典型的土地权属争议案。经历了政府行政处理、一审法院判决撤销、二审法院判决维持。

这起土地权属争议案，关键是“租用”还是“使用”，这两个事实要调查清楚。在双方均没有权属证书的情况下，主要是要查清楚“租用”或“使用”这个事实，才能准确、合理地确认争议地的权属归谁。

此 87 平方米土地的权属应归甲经济联合社所有。主要事实依据是：

(1)《村民委员会组织法》第二条及第八条规定：“村民委员会是基层群众性自治组织，由县、市人民政府批准设立，并设立经济组织，是农村一级的集体经济组织。”

(2) 争议地在“土改”及“四固定”时虽然未确权，但政府可以从实际情况出发，重新确定权属。

(3) 甲经济联合社在该地建屋使用至 1997 年 7 月（24 年），乙村经济合作社没有提出任何异议，甲经济联合社于 1996 年领取了《集体土地建设用地使用证》。

(4) 乙村经济合作社虽然提供有原大队长及石灰厂长的证

词，但没有收支租金的书面证据，也没有租（借）的书面协议，证据不足。

根据上述客观事实，适用法律法规《中华人民共和国土地管理法》第十六条“土地所有权和使用权争议，由当事人协商解决；协商不成的，由人民政府处理”及原国家土地管理局《确定土地所有权和使用权的若干规定》第二十一条规定：“农民集体连续使用其他农民集体所有的土地已满 20 年应视为现使用者所有”，争议地 87 平方米的权属应确定给甲经济联合社集体所有。

四、案例评析

解决此案类似问题涉及到房屋权的确认和土地交换、调整等方面的法律问题。参照《城镇房屋所有权登记暂行办法》规定，向房屋所在地的市、县人民政府房地产行政主管部门申请登记，经审查确认产权后，领取房屋所有权证。第四条规定“房屋所有权证是房屋所有权的合法凭证”。1995 年 1 月 1 日起施行的《城市房地产管理法》也对房地产权属登记管理作出了规定，该法第五十九条规定“国家实行土地使用权和房屋所有权登记发证制度”。根据上述规定，房屋所有权经过登记即可确认房屋的产权状态，赋予房屋产权以法律效力。本案中的房屋土地权属证明文件，如“房产总登记册”、“房地产所有权转移登记申请书”和“集体土地建设用地使用证”，只有申请人甲经济联合社证据充分。在农村实行房产登记，甲经济联合社持有《集体土地建设用地使用证》，足以说明房产所有权属该联合社所有。乙村经济合作社没有任何书证，在“土改”和“四固定”时期都没有确权的依据，只是口头承诺，是没有法律效力的。本着以事实为依据，以法律为准绳的原则，争议三间瓦房和宅基地权属归甲经济联合社。

关于口头承诺乙村经济合作社，用石灰来作为租金补偿和今后屋崩后或拆除时还地问题，《中华人民共和国合同法》第八条“依法成立的合同，受法律保护”，第十条“当事人订立合同，有书面形式、口头形式和其他形式。合同订立要依法才受法律的保护”，同时《合同法》又规定：“法律、行政法规规定能采用书面形式的，应当采用书面形式”。口头承诺不是书面形式的合同不受法律保护。另外，承诺的内容也难以认定、实施。《中华人民共和国民法通则》第七十二条规定：“财产所有权的取得，不得违反法律规定。按照合同或者其他合同法方式取得财产的，财产所有权以财产交付时起转移”。

第四部分 4

集体土地使用权及他项权利权属争议

73. 所有权清晰的基础上，确定土地使用权

一、争议当事人

申 请 人：甲乡某初级中学

被申请人：甲乡乙村民委员会

二、争议的基本情况

1997 年 6 月 20 日，甲乡人民政府就该乡初中校田地被该乡乙村部分村民抢种一事向当地市人民政府提出书面申请，请求处理。市政府责成土地管理局具体办理。土地局受理此案后，责成专人进行了深入细致的调查，走访了众多知情者，了解了事情经过：1997 年 4 月 28 日上午 10 时左右，乙村民组的村民寇某、翟某二人来到初中校长室，说要分种初中校田地，先通知一声，理由是现在的校田在历史上是属于乙村的。当时初中校长翼某没有答应，要求请示乡政府后解决。当日下午，乙村民组部分人将初中校田分掉并开始播种，初中领导二人（冀某、张某）立即赶到现场并制止，未见效。当天 34 亩校田地基本被抢种完，中学及时向乡政府汇报了情况。

乡初级中学认为：中学所使用的土地原系乙村的土地。1974 年，根据上级有关部门要求，学校实行开门办学，必须有学农基地。经乡中学与乙村协商，达成“校队挂钩”协议，并经过大队同意，公社批准，在乙村划拨出一块土地给中学做学农基地，总面积 150 亩左右。为了补偿乙村因减少土地所带来的损失，1975 年乙村开垦废林地，中学师生组织 400 余人先后劳动一个多月，挖树疙瘩垦地近 200 亩，其中有乙村近 100 亩，当年交付耕种至今。1978 年，经公社党委批准，将原划拨给中学的部分土地又

划回乙村栽植果树。给中学留下 85.3 亩土地（即现在中学校田地，耕地 35.2 亩，果树地 27.4 亩和部分公路、校舍用地）。1997 年 4 月 29 日，乙村部分村民私自将中学校田地 35.2 亩耕地播种。

乙村村民委员会认为：乡中学使用的土地当时虽经乡（公社）、村（大队）同意，但是未经县同意或批准，乡中学使用该村土地期间，该村土地未进行过调整也未给过任何补偿，且学校种地由该村纳税。

三、处理意见及适用法律法规

中学所经营耕种的校田地是在特定的历史条件下，根据上级要求，经原乙村同意、公社批准划拨给该中学的，乡中学经营耕种至今已经超过 20 年，而且划拨土地之初，乡中学对乙村给予过补偿。1982 年 9 月，公社管委会、乙村管委会与中学及总校为使土地权属清楚和相对稳定，曾对中学校田地的权属再次予以确认，并建立了土地档案。本着“尊重历史，面对现实，实事求是”的原则，依据原《中华人民共和国土地管理法》第八条、第十三条，参照原国家土地局《确定土地所有权和使用权的若干规定》第二十三条，《辽宁省土地权属确定和争议处理办法》第十五条规定，市政府作出了行政处理决定：①上列当事人所争议的 35.2 亩耕地的所有权仍归甲乡集体所有，乡中学继续享有土地使用权；②乙村委会应在本决定生效之日起，负责将部分村民播种的耕地退回乡中学。市政府的行政处理决定书依法定程序送达双方当事人。

乙村委会不服处理决定，向市人民政府申请复议，并向当地市人民法院提起行政诉讼。市人民政府和市人民法院行政判决都作出维持原处理决定的决定，乙村民委员会不服又向市中级人民法院提起上诉。市中级人民法院依法组成合议庭审理后判决：驳回上诉，维持原判。此案到此结束。

四、案例评析

本案所涉及的争议有两方面：一方面是当事人所争议的集体

土地的使用权，另一方面是所争议土地的所有权。这两方面的问题是相辅相成的，只有先行确定了土地的所有权才能确定土地的使用权。本案当事人所争议的土地虽然原先属于乙村，但是甲乡为了给乡属中学抽调校田与乙村达成协议，将系争土地划拨给乡中学，并且给予乙村以一定的补偿。因此根据原国家土地局《确定土地所有权和使用权的若干规定》第二十三条的规定，该土地的所有权应当归属于北塔子乡农民集体所有。第二十三条的内容是"乡（镇）或村办企事业单位使用的集体土地，《六十条》公布以前使用的，分别属于该乡（镇）或村农民集体所有；《六十条》公布时起至一九八二年国务院《村镇建房用地管理条例》发布时止使用的，有下列情况之一的，分别属于该乡（镇）或村农民集体所有：1. 签订过用地协议的（不含租借）；2. 经县、乡（公社）、村（大队）批准或同意，并进行了适当的土地调整或者经过一定补偿的；……"在土地所有权归甲乡农民集体所有的条件下，土地的使用权当然应当归属于该初级中学，因为乡政府已经将该土地使用权设定给该中学，乙村村民抢种系争土地应当属于侵权行为，因此应当承担将系争土地返还给乡中学的民事责任。

74. 登记错误，应按照事实重新确定土地使用权的归属

一、争议当事人

申 请 人：廉某

被申请人：周某

二、争议的基本情况

双方争议的土地在申请人廉某房西，被申请人周某房南，

镇政府院东，兽医站房北，东西长 8.60 米，南北宽 4.50 米，面积 68.5 平方米。1962 年农历 9 月 26 日，申请人廉某之父及兄弟等四人分家，其父分有房三间、其兄弟分有房四间，院落四至明确，因廉家在甲村均有其他住房，其兄弟分别将北侧两间卖给被申请人周某之父，南侧两间卖给镇政府（当时称公社），申请人之父廉某则将两间房屋及院内空地租给镇政府开烘炉、油坊。1997 年春，申请人廉某将三间平房翻建成后至今。

1995 年 8 月 12 日，被申请人周某之兄长以 1 350 元的价格购买了原申请人兄弟卖给镇政府的两间平房，同时取得了该两间房屋西侧院内的土地使用权。1996 年 10 月 19 日，被申请人周某以其兄的名义将三间平房翻建成二层楼房。

1985 年发放农村宅基地使用证时，因廉家是甲村人，周家是乙村人，由两个村分别组织丈量发证，又没有邻里两村及当事人到场指界，致使争议面积内的土地重复登记在两户的《宅基地使用证》上，因而双方发生了争议。

三、处理意见及适用法律法规

县政府依照《土地管理法》第十六条和《省土地权属确定和争议处理办法》第九条之规定，撤销了两户 1985 年取得的《宅基地使用证》，并将争议面积内的集体土地确定给申请人廉某使用。

被申请人周某对县人民政府的处理决定不服，向当地市人民政府申请行政复议，复议机关认为县政府做出的处理决定，事实清楚、依据正确、内容适当，予以维持。

被申请人周某对复议决定仍然不服，起诉到县人民法院，法院经审理认为：县人民政府认定事实清楚、证据充分确凿、运用法律法规正确，符合法定程序，予以维持。申请人和被申请人均没有提出上诉。

四、案例评析

本案的主要争议是由于人民政府在发放宅基地使用证时的疏忽大意，导致重复登记发证。事实上，本案双方当事人所争议土地的使用权属是明确的，原属于申请人之父，在申请人之父死亡后，应当申请人继承了该土地上的房屋，同时也就继承了该房屋所占用部分的土地使用权。只是由于调查工作的错误，导致登记发证后引起争议，因此人民政府应当撤销原错误的登记，按照事实重新确定土地使用权的归属。

75. 空闲两年以上的宅基地，土地由集体收回

一、争议当事人

申 请 人：甲乡乙村村民李某

被申请人：甲乡土地规划管理所

二、争议的基本情况

申请人李某对被申请单位甲乡土地规划管理所于2000年6月20日作出的对其建房占地无权继承的决定不服，特申请向县土地规划管理局复议，经县局深入调查，查明：甲乡乙村村民李某，其四叔于1999年初去世，其原有旧房三间于1976年唐山大地震时倒塌，其宅基地闲置至今。李某按照其四叔的遗嘱，继承其全部遗产，包括这三间宅基地，并于1999年4月清理地基开始动工。乙村委会及时向乡政府反映这一情况，甲乡土地所对其下达停建通知，并提出将宅基地收回集体的处理意见，李某不服，向县土地局申请复议，要求确认其宅基地使用权。

被申请人认为，申请人继承其四叔长期闲置的宅基地，已丧失其宅基地使用权，属村内空闲地。李某占用村内空闲地建房，

应依法履行批准手续。

三、处理意见及适用法律法规

经过调查，甲乡乙村在唐山大地震中房屋倒塌相当严重，原有宅基地一直闲置至今，甲乡在1992年宅基地有偿使用丈量登记表中登记的即是“未建宅基地”。

依据《中华人民共和国土地管理法》第十六条、原国家土地管理局《确定土地所有权和使用权的若干规定》第五十二条之规定，决定如下：

(1) 维持甲乡土地规划管理所提出的处理意见，李某无权继承现占宅基地使用权。

(2) 李某私建住宅，未经批准，由县土地规划管理局依法处理。

如不服本决定，可在接到本决定之日起三十日内向人民法院起诉，或六十日内申请行政复议。

四、案例评析

本案争议的焦点是：当事人是否可以继承宅基地使用权，及空闲宅基地两年以上未建不确定土地使用权。本案当事人所争议的土地系申请人叔叔的宅基地，在申请人叔叔死亡时以遗嘱的形式将该宅基地遗赠给申请人。按照《中华人民共和国继承法》第三条的规定，遗产是公民死亡时所遗留的个人合法财产；按照同法第十六条的规定，公民可以立遗嘱将个人财产赠给国家、集体或者法定继承人以外的人。因此申请人叔叔有权将属于其自己的合法财产遗赠给申请人，关键是看申请人叔叔对该土地在其死亡前是否拥有合法的权利，以及宅基地使用权是否可单独继承。如果两者的答案都是肯定的话，则申请人有权取得该宅基地使用权，反之申请人不能取得该宅基地的使用权，同时还不得闲置。本案当事人主张的系申请人叔叔的宅基地，但是在其死亡之前已经闲置多年没有建筑房屋。按照原国家土地管理局《确定土地所有权和使用权的若干规定》第五十二条之规定，宅基地多年闲置集体组织有权收回该土地，因此集体组织有权收回该宅基地的使用权。今后在处理宅基地确权问题时，应注意执法主体。

76. 土地他项权利争议案

一、争议当事人

申 请 人：王某

被申请人：侯某

二、争议的基本情况

王某于 2000 年 7 月购买侯某房屋两间，由于王某所购房屋在侯某后院，因此购房时与侯某口头协议侯某房东侧至东院墙 2 米为公共过道。但办理变更手续时，是以侯某后山墙为界，分割了土地使用权。2001 年两家发生矛盾，侯某以土地证四至为借口，将过道封死。致使王某一家无路可走，经常从邻居家越墙出入，生活极为不便。市国土资源局在接到举报后，现场了解情况后，对侯某进行了耐心说服，但侯某拒绝接受调解。

三、处理意见及适用法律法规

该市国土资源局在认真研究案情后，根据土地使用权中他项权利条款，做出如下处理：

侯某在限期内拆除用于封闭过道的墙体，原为王某使用的过道为公共过道，并在侯某的土地使用证上将过道面积扣除，土地四至的东临改为公共过道。

四、案例评析

这是一起典型的土地他项权利争议案。土地使用者通常以土地使用证确定的四至界线为准，他项权利往往被忽略。土地相邻权是指相互毗邻土地的所有者和使用者为满足其生产生活需要而使用他人土地的权利。相邻权包括：相邻通行权、相邻采光权、相邻排水权、相邻临时占用权等项权利。对土地相邻权的处置，不动产相邻各方，应当按照有利生产、方便生活、团结互助、公平合理的精神，正确处理截水、排水、通行、通风、采光等方面的相邻关系。给相邻方造成妨碍或者损失的，应当停止侵害，排除妨碍，赔偿损失（《中华人民共和国民法通则》第八十三条）。

附件1：中华人民共和国宪法

中华人民共和国宪法（摘录）

（1982年12月4日第五届全国人民代表大会第五次会议通过，1982年12月4日全国人民代表大会公告公布施行，根据1988年4月12日第七届全国人民代表大会第一次会议、1993年3月29日第八届全国人民代表大会第一次会议和1999年3月15日第九届全国人民代表大会第二次会议先后通过的《中华人民共和国宪法修正案》修订）

第九条 矿藏、水流、森林、山岭、草原、荒地、滩涂等自然资源，都属于国家所有，即全民所有；由法律规定属于集体所有的森林和山岭、草原、荒地、滩涂除外。

国家保障自然资源的合理利用，保护珍贵的动物和植物。禁止任何组织或者个人用任何手段侵占或者破坏自然资源。

第十条 城市的土地属于国家所有。

农村和城市郊区的土地，除由法律规定属于国家所有的以外，属于集体所有；宅基地和自留地、自留山，也属于集体所有。

国家为了公共利益的需要，可以依照法律规定对土地实行征用。

任何组织或者个人不得侵占、买卖、出租或者以其他形式非法转让土地。土地的使用权可以依照法律的规定转让。

一切使用土地的组织和个人必须合理地利用土地。

中华人民共和国宪法修正案（一）

（1988年4月12日第七届全国人民代表大会第一次会议通过，1988年4月12日第七届全国人民代表大会第一次会议主席团公告第八号公布施行）

第一条 宪法第十一条增加规定："国家允许私营经济在法律规定的范围内存在和发展。私营经济是社会主义公有制经济的补充。国家保护私营经济的合法的权利和利益，对私营经济实行引导、监督和管理。"

第二条 宪法第十条第四款"任何组织或者个人不得侵占、买卖、出租或者以其他形式非法转让土地。"修改为："任何组织或者个人不得侵占、买卖或者以其他形式非法转让土地。土地的使用权可以依照法律的规定转让。"

中华人民共和国宪法修正案（二）

（1993年3月29日第八届全国人民代表大会第一次会议通过，1993年3月29日中华人民共和国全国人民代表大会公告第八号公布施行）

第六条 宪法第八条第一款："农村人民公社、农业生产合作社和其他生产、供销、信用、消费等各种形式的合作经济，是社会主义劳动群众集体所有制经济。参加农村集体经济组织的劳动者，有权在法律规定的范围内经营自留地、自留山、家庭副业和饲养自留畜。"修改为："农村中的家庭联产承包为主的责任制和生产、供销、信用、消费等各种形式的合作经济，是社会主义劳动群众集体所有制经济。参加农村集体经济组织的劳动者，有权在法律规定的范围内经营自留地、自留山、家庭副业和饲养自留畜。”

中华人民共和国宪法修正案（三）

（1999年3月15日第九届全国人民代表大会第二次会议于通过，1999年3月15日全国人民代表大会公告公布施行）

第十五条 宪法第八条第一款：“农村中的家庭联产承包为主的责任制和生产、供销、信用、消费等各种形式的合作经济，是社会主义劳动群众集体所有制经济。参加农村集体经济组织的劳动者，有权在法律规定的范围内经营自留地、自留山、家庭副业和饲养自留畜。”修改为：“农村集体经济组织实行家庭承包经营为基础、统分结合的双层经营体制。农村中的生产、供销、信用、消费等各种形式的合作经济，是社会主义劳动群众集体所有制经济。参加农村集体经济组织的劳动者，有权在法律规定的范围内经营自留地、自留山、家庭副业和饲养自留畜。”

中华人民共和国宪法修正案（四）

（2004年3月14日第十届全国人民代表大会第二次会议于通过，2004年3月14日全国人民代表大会公告公布施行。）

第二十条 宪法第十条第三款“国家为了公共利益的需要，可以依照法律规定对土地实行征用。”修改为：“国家为了公共利益的需要，可以依照法律规定对土地实行征收或者征用并给予补偿。”

第二十二条 宪法第十三条“国家保护公民的合法的收入、储蓄、房屋和其他合法财产的所有权。”“国家依照法律规定保护公民的私有财产的继承权。”修改为：“公民的合法的私有财产不受侵犯。”“国家依照法律规定保护公民的私有财产权和继承权。”“国家为了公共利益的需要，可以依照法律规定对公民的私有财产实行征收或者征用并给予补偿。”

附件2：中华人民共和国民法通则

中华人民共和国民法通则（节选）

（1986年4月12日第六届全国人民代表大会第四次会议通过，自1987年1月1日起施行）

第五章 民事权利

第一节 财产所有权和与财产所有权有关的财产权

第七十一条 财产所有权是指所有人依法对自己的财产享有占有、使用、收益和处分的权利。

第七十二条 财产所有权的取得，不得违反法律规定。按照合同或者其他合法方式取得财产的，财产所有权从财产交付时起转移，法律另有规定或者当事人另有约定的除外。

第七十三条 国家财产属于全民所有。

国家财产神圣不可侵犯，禁止任何组织或者个人侵占、哄抢、私分、截留、破坏。

第七十四条 劳动群众集体组织的财产属于劳动群众集体所

有，包括：

（一）法律规定为集体所有的土地和森林、山岭、草原、荒地、滩涂等；

（二）集体经济组织的财产；

（三）集体所有的建筑物、水库、农田水利设施和教育、科学、文化、卫生、体育等设施；

（四）集体所有的其他财产。

集体所有的土地依照法律属于村农民集体所有，由村农业生产合作社等农业集体经济组织或者村民委员会经营、管理。已经属于乡（镇）农民集体经济组织所有的，可以属于乡（镇）农民集体所有。

集体所有的财产受法律保护，禁止任何组织或者个人侵占、哄抢、私分、破坏或者非法查封、扣押、冻结、没收。

第七十五条　公民的个人财产，包括公民的合法收入、房屋、储蓄、生活用品、文物、图书资料、林木、牲畜和法律允许公民所有的生产资料以及其他合法财产。

公民的合法财产受法律保护，禁止任何组织或者个人侵占、哄抢、破坏或者非法查封、扣押、冻结、没收。

第七十六条　公民依法享有财产继承权。

第七十七条　社会团体包括宗教团体的合法财产受法律保护。

第七十八条　财产可以由两个以上的公民、法人共有。

共有分为按份共有和共同共有。按份共有人按照各自的份额，对共有财产分享权利，分担义务。共同共有人对共有财产享有权利，承担义务。

按份共有财产的每个共有人有权要求将自己的份额分出或者转让。但在出售时，其他共有人在同等条件下，有优先购买的权利。

第七十九条　所有人不明的埋藏物、隐藏物，归国家所有。

接收单位应当对上缴的单位或者个人，给予表扬或者物质奖励。

拾得遗失物、漂流物或者失散的饲养动物，应当归还失主，因此而支出的费用由失主偿还。

第八十条 国家所有的土地，可以依法由全民所有制单位使用，也可以依法确定由集体所有制单位使用，国家保护它的使用、收益的权利；使用单位有管理、保护、合理利用的义务。

公民、集体依法对集体所有的或者国家所有由集体使用的土地的承包经营权，受法律保护。承包双方的权利和义务，依照法律由承包合同规定。土地不得买卖、出租、抵押或者以其他形式非法转让。

第八十一条 国家所有的森林、山岭、草原、荒地、滩涂、水面等自然资源，可以依法由全民所有制单位使用，也可以依法确定由集体所有制单位使用，国家保护它的使用、收益的权利；使用单位有管理、保护、合理利用的义务。

国家所有的矿藏，可以依法由全民所有制单位和集体所有制单位开采，也可以依法由公民采挖。国家保护合法的采矿权。

公民、集体依法对集体所有的或者国家所有由集体使用森林、山岭、草原、荒地、滩涂、水面的承包经营权，受法律保护。承包双方的权利和义务，依照法律由承包合同规定。

国家所有的矿藏、水流，国家所有的和法律规定属于集体所有的林地、山岭、草原，荒地、滩涂不得买卖、出租、抵押或者以其他形式非法转让。

第八十二条 全民所有制企业对国家授予它经营管理的财产依法享有经营权，受法律保护。

第八十三条 不动产的相邻各方，应当按照有利生产、方便生活、团结互助、公平合理的精神，正确处理截水、排水、通行、通风、采光等方面的相邻关系。给相邻方造成妨碍或者损失的，应当停止侵害，排除妨碍，赔偿损失。

附件 3：中华人民共和国土地管理法

中华人民共和国土地管理法

（1986 年 6 月 25 日第六届全国人民代表大会常务委员会第十六次会议通过，根据 1988 年 12 月 29 日第七届全国人民代表大会常务委员会第五次会议《关于修改〈中华人民共和国土地管理法〉的决定》第一次修正，1998 年 8 月 29 日第九届全国人民代表大会常务委员会第四次会议修订，根据 2004 年 8 月 28 日第十届全国人民代表大会常务委员会第十一次会议《关于修改〈中华人民共和国土地管理法〉的决定》第二次修正）

第一章　总　　则

第一条　为了加强土地管理，维护十地的社会主义公有制，保护、开发土地资源，合理利用土地，切实保护耕地，促进社会经济的可持续发展，根据宪法，制定本法。

第二条　中华人民共和国实行土地的社会主义公有制，即全民所有制和劳动群众集体所有制。

全民所有，即国家所有土地的所有权由国务院代表国家行使。

任何单位和个人不得侵占、买卖或者以其他形式非法转让土地。土地使用权可以依法转让。

国家为了公共利益的需要，可以依法对土地实行征收或者征用并给予补偿。

国家依法实行国有土地有偿使用制度。但是，国家在法律规定的范围内划拨国有土地使用权的除外。

第三条 十分珍惜、合理利用土地和切实保护耕地是我国的基本国策。各级人民政府应当采取措施，全面规划，严格管理，保护、开发土地资源，制止非法占用土地的行为。

第四条 国家实行土地用途管制制度。

国家编制土地利用总体规划，规定土地用途，将土地分为农用地、建设用地和未利用地。严格限制农用地转为建设用地，控制建设用地总量，对耕地实行特殊保护。

前款所称农用地是指直接用于农业生产的土地，包括耕地、林地、草地、农田水利用地、养殖水面等；建设用地是指建造建筑物、构筑物的土地，包括城乡住宅和公共设施用地、工矿用地、交通水利设施用地、旅游用地、军事设施用地等；未利用地是指农用地和建设用地以外的土地。

使用土地的单位和个人必须严格按照土地利用总体规划确定的用途使用土地。

第五条 国务院土地行政主管部门统一负责全国土地的管理和监督工作。

县级以上地方人民政府土地行政主管部门的设置及其职责，由省、自治区、直辖市人民政府根据国务院有关规定确定。

第六条 任何单位和个人都有遵守土地管理法律、法规的义务，并有权对违反土地管理法律、法规的行为提出检举和控告。

第七条 在保护和开发土地资源、合理利用土地以及进行有关的科学研究等方面成绩显著的单位和个人，由人民政府给予奖励。

第二章　土地的所有权和使用权

第八条 城市市区的土地属于国家所有。

农村和城市郊区的土地，除由法律规定属于国家所有的以外，属于农民集体所有；宅基地和自留地、自留山，属于农民集体所有。

第九条 国有土地和农民集体所有的土地，可以依法确定给单位或者个人使用。使用土地的单位和个人，有保护、管理和合理利用土地的义务。

第十条 农民集体所有的土地依法属于村农民集体所有的，由村集体经济组织或者村民委员会经营、管理；已经分别属于村内两个以上农村集体经济组织的农民集体所有的，由村内各该农村集体经济组织或者村民小组经营、管理；已经属于乡（镇）农民集体所有的，由乡（镇）农村集体经济组织经营、管理。

第十一条 农民集体所有的土地，由县级人民政府登记造册，核发证书，确认所有权。

农民集体所有的土地依法用于非农业建设的，由县级人民政府登记造册，核发证书，确认建设用地使用权。

单位和个人依法使用的国有土地，由县级以上人民政府登记造册，核发证书，确认使用权；其中，中央国家机关使用的国有土地的具体登记发证机关，由国务院确定。

确认林地、草原的所有权或者使用权，确认水面、滩涂的养殖使用权，分别依照《中华人民共和国森林法》、《中华人民共和国草原法》和《中华人民共和国渔业法》的有关规定办理。

第十二条 依法改变土地权属和用途的，应当办理土地变更登记手续。

第十三条 依法登记的土地的所有权和使用权受法律保护，任何单位和个人不得侵犯。

第十四条 农民集体所有的土地由本集体经济组织的成员承包经营，从事种植业、林业、畜牧业、渔业生产。土地承包经营期限为三十年。发包方和承包方应当订立承包合同，约定双方的权利和义务。承包经营土地的农民有保护和按照承包合同约定的用途合理利用土地的义务。农民的土地承包经营权受法律保护。

在土地承包经营期限内，对个别承包经营者之间承包的土地进行适当调整的，必须经村民会议三分之二以上成员或者三分之二以上村民代表的同意，并报乡（镇）人民政府和县级人民政府农业行政主管部门批准。

第十五条 国有土地可以由单位或者个人承包经营，从事种植业、林业、畜牧业、渔业生产。农民集体所有的土地，可以由本集体经济组织以外的单位或者个人承包经营，从事种植业、林业、畜牧业、渔业生产。发包方和承包方应当订立承包合同，约定双方的权利和义务。土地承包经营的期限由承包合同约定。承包经营土地的单位和个人，有保护和按照承包合同约定的用途合理利用土地的义务。

农民集体所有的土地由本集体经济组织以外的单位或者个人承包经营的，必须经村民会议三分之二以上成员或者三分之二以上村民代表的同意，并报乡（镇）人民政府批准。

第十六条 土地所有权和使用权争议，由当事人协商解决；协商不成的，由人民政府处理。

单位之间的争议，由县级以上人民政府处理；个人之间、个人与单位之间的争议，由乡级人民政府或者县级以上人民政府处理。

当事人对有关人民政府的处理决定不服的，可以自接到处理决定通知之日起三十日内，向人民法院起诉。

在土地所有权和使用权争议解决前，任何一方不得改变土地利用现状。

第三章 土地利用总体规划

第十七条 各级人民政府应当依据国民经济和社会发展规划、国土整治和资源环境保护的要求、土地供给能力以及各项建设对土地的需求，组织编制土地利用总体规划。

土地利用总体规划的规划期限由国务院规定。

第十八条 下级土地利用总体规划应当依据上一级土地利用总体规划编制。

地方各级人民政府编制的土地利用总体规划中的建设用地总量不得超过上一级土地利用总体规划确定的控制指标，耕地保有量不得低于上一级土地利用总体规划确定的控制指标。

省、自治区、直辖市人民政府编制的土地利用总体规划，应当确保本行政区域内耕地总量不减少。

第十九条 土地利用总体规划按照下列原则编制：

（一）严格保护基本农田，控制非农业建设占用农用地；

（二）提高土地利用率；

（三）统筹安排各类、各区域用地；

（四）保护和改善生态环境，保障土地的可持续利用；

（五）占用耕地与开发复垦耕地相平衡。

第二十条 县级土地利用总体规划应当划分土地利用区，明确土地用途。

乡（镇）土地利用总体规划应当划分土地利用区，根据土地使用条件，确定每一块土地的用途，并予以公告。

第二十一条 土地利用总体规划实行分级审批。

省、自治区、直辖市的土地利用总体规划，报国务院批准。

省、自治区人民政府所在地的市、人口在一百万以上的城市以及国务院指定的城市的土地利用总体规划，经省、自治区人民政府审查同意后，报国务院批准。

本条第二款、第三款规定以外的土地利用总体规划，逐级上报省、自治区、直辖市人民政府批准；其中，乡（镇）土地利用总体规划可以由省级人民政府授权的设区的市、自治州人民政府批准。

土地利用总体规划一经批准，必须严格执行。

第二十二条 城市建设用地规模应当符合国家规定的标准，充分利用现有建设用地，不占或者尽量少占农用地。

城市总体规划、村庄和集镇规划，应当与土地利用总体规划相衔接，城市总体规划、村庄和集镇规划中建设用地规模不得超过土地利用总体规划确定的城市和村庄、集镇建设用地规模。

在城市规划区内、村庄和集镇规划区内，城市和村庄、集镇建设用地应当符合城市规划、村庄和集镇规划。

第二十三条 江河、湖泊综合治理和开发利用规划，应当与土地利用总体规划相衔接。在江河、湖泊、水库的管理和保护范围以及蓄洪滞洪区内，土地利用应当符合江河、湖泊综合治理和开发利用规划，符合河道、湖泊行洪、蓄洪和输水的要求。

第二十四条 各级人民政府应当加强土地利用计划管理，实行建设用地总量控制。

土地利用年度计划，根据国民经济和社会发展计划、国家产业政策、土地利用总体规划以及建设用地和土地利用的实际状况编制。土地利用年度计划的编制审批程序与土地利用总体规划的编制审批程序相同，一经审批下达，必须严格执行。

第二十五条 省、自治区、直辖市人民政府应当将土地利用年度计划的执行情况列为国民经济和社会发展计划执行情况的内容，向同级人民代表大会报告。

第二十六条 经批准的土地利用总体规划的修改，须经原批准机关批准；未经批准，不得改变土地利用总体规划确定的土地用途。

经国务院批准的大型能源、交通、水利等基础设施建设用地，需要改变土地利用总体规划的，根据国务院的批准文件修改土地利用总体规划。

经省、自治区、直辖市人民政府批准的能源、交通、水利等基础设施建设用地，需要改变土地利用总体规划的，属于省级人民政府土地利用总体规划批准权限内的，根据省级人民政府的批准文件修改土地利用总体规划。

第二十七条 国家建立土地调查制度。

县级以上人民政府土地行政主管部门会同同级有关部门进行土地调查。土地所有者或者使用者应当配合调查，并提供有关资料。

第二十八条 县级以上人民政府土地行政主管部门会同同级有关部门根据土地调查成果、规划土地用途和国家制定的统一标准，评定土地等级。

第二十九条 国家建立土地统计制度。

县级以上人民政府土地行政主管部门和同级统计部门共同制定统计调查方案，依法进行土地统计，定期发布土地统计资料。土地所有者或者使用者应当提供有关资料，不得虚报、瞒报、拒报、迟报。

土地行政主管部门和统计部门共同发布的土地面积统计资料是各级人民政府编制土地利用总体规划的依据。

第三十条 国家建立全国土地管理信息系统，对土地利用状况进行动态监测。

第四章 耕地保护

第三十一条 国家保护耕地，严格控制耕地转为非耕地。

国家实行占用耕地补偿制度。非农业建设经批准占用耕地的，按照“占多少，垦多少”的原则，由占用耕地的单位负责开垦与所占用耕地的数量和质量相当的耕地；没有条件开垦或者开垦的耕地不符合要求的，应当按照省、自治区、直辖市的规定缴纳耕地开垦费，专款用于开垦新的耕地。

省、自治区、直辖市人民政府应当制定开垦耕地计划，监督占用耕地的单位按照计划开垦耕地或者按照计划组织开垦耕地，并进行验收。

第三十二条 县级以上地方人民政府可以要求占用耕地的单位将所占用耕地耕作层的土壤用于新开垦耕地、劣质地或者其他耕地的土壤改良。

第三十三条 省、自治区、直辖市人民政府应当严格执行土地利用总体规划和土地利用年度计划，采取措施，确保本行政区域内耕地总量不减少；耕地总量减少的，由国务院责令在规定期限内组织开垦与所减少耕地的数量与质量相当的耕地，并由国务院土地行政主管部门会同农业行政主管部门验收。个别省、直辖市确因土地后备资源匮乏，新增建设用地后，新开垦耕地的数量不足以补偿所占用耕地的数量的，必须报经国务院批准减免本行政区域内开垦耕地的数量，进行易地开垦。

第三十四条 国家实行基本农田保护制度。下列耕地应当根据土地利用总体规划划入基本农田保护区，严格管理：

（一）经国务院有关主管部门或者县级以上地方人民政府批准确定的粮、棉、油生产基地内的耕地；

（二）有良好的水利与水土保持设施的耕地，正在实施改造计划以及可以改造的中、低产田；

（三）蔬菜生产基地；

（四）农业科研、教学试验田；

（五）国务院规定应当划入基本农田保护区的其他耕地。

各省、自治区、直辖市划定的基本农田应当占本行政区域内耕地的百分之八十以上。

基本农田保护区以乡（镇）为单位进行划区定界，由县级人民政府土地行政主管部门会同同级农业行政主管部门组织实施。

第三十五条 各级人民政府应当采取措施，维护排灌工程设施，改良土壤，提高地力，防止土地荒漠化、盐渍化、水土流失和污染土地。

第三十六条 非农业建设必须节约使用土地，可以利用荒地的，不得占用耕地；可以利用劣地的，不得占用好地。

禁止占用耕地建窑、建坟或者擅自在耕地上建房、挖砂、采石、采矿、取土等。

禁止占用基本农田发展林果业和挖塘养鱼。

第三十七条 禁止任何单位和个人闲置、荒芜耕地。已经办理审批手续的非农业建设占用耕地，一年内不用而又可以耕种并收获的，应当由原耕种该幅耕地的集体或者个人恢复耕种，也可以由用地单位组织耕种；一年以上未动工建设的，应当按照省、自治区、直辖市的规定缴纳闲置费；连续二年未使用的，经原批准机关批准，由县级以上人民政府无偿收回用地单位的土地使用权；该幅土地原为农民集体所有的，应当交由原农村集体经济组织恢复耕种。

在城市规划区范围内，以出让方式取得土地使用权进行房地产开发的闲置土地，依照《中华人民共和国城市房地产管理法》的有关规定办理。

承包经营耕地的单位或者个人连续二年弃耕抛荒的，原发包单位应当终止承包合同，收回发包的耕地。

第三十八条 国家鼓励单位和个人按照土地利用总体规划，在保护和改善生态环境、防止水土流失和土地荒漠化的前提下，开发未利用的土地；适宜开发为农用地的，应当优先开发成农用地。

国家依法保护开发者的合法权益。

第三十九条 开垦未利用的土地，必须经过科学论证和评估，在土地利用总体规划划定的可开垦的区域内，经依法批准后进行。禁止毁坏森林、草原开垦耕地，禁止围湖造田和侵占江河滩地。

根据土地利用总体规划，对破坏生态环境开垦、围垦的土地，有计划有步骤地退耕还林、还牧、还湖。

第四十条 开发未确定使用权的国有荒山、荒地、荒滩从事种植业、林业、畜牧业、渔业生产的，经县级以上人民政府依法批准，可以确定给开发单位或者个人长期使用。

第四十一条 国家鼓励土地整理。县、乡（镇）人民政府应当组织农村集体经济组织，按照土地利用总体规划，对田、水、路、林、村综合整治，提高耕地质量，增加有效耕地面积，改善农业生产条件和生态环境。

地方各级人民政府应当采取措施，改造中、低产田，整治闲散地和废弃地。

第四十二条 因挖损、塌陷、压占等造成土地破坏，用地单位和个人应当按照国家有关规定负责复垦；没有条件复垦或者复垦不符合要求的，应当缴纳土地复垦费，专项用于土地复垦。复垦的土地应当优先用于农业。

第五章 建设用地

第四十三条 任何单位和个人进行建设，需要使用土地的，必须依法申请使用国有土地；但是，兴办乡镇企业和村民建设住宅经依法批准使用本集体经济组织农民集体所有的土地的，或者乡（镇）村公共设施和公益事业建设经依法批准使用农民集体所有的土地的除外。

前款所称依法申请使用的国有土地包括国家所有的土地和国家征收的原属于农民集体所有的土地。

第四十四条 建设占用土地，涉及农用地转为建设用地的，应当办理农用地转用审批手续。

省、自治区、直辖市人民政府批准的道路、管线工程和大型基础设施建设项目、国务院批准的建设项目占用土地，涉及农用地转为建设用地的，由国务院批准。

在土地利用总体规划确定的城市和村庄、集镇建设用地规模范围内，为实施该规划而将农用地转为建设用地的，按土地利用年度计划分批次由原批准土地利用总体规划的机关批准。在已批准的农用地转用范围内，具体建设项目用地可以由市、县人民政府批准。

本条第二款、第三款规定以外的建设项目占用土地，涉及农用地转为建设用地的，由省、自治区、直辖市人民政府批准。

第四十五条 征收下列土地的，由国务院批准：

（一）基本农田；

（二）基本农田以外的耕地超过三十五公顷的；

（三）其他土地超过七十公顷的。

征收前款规定以外的土地的，由省、自治区、直辖市人民政府批准，并报国务院备案。

征收农用地的，应当依照本法第四十四条的规定先行办理农用地转用审批。其中，经国务院批准农用地转用的，同时办理征地审批手续，不再另行办理征地审批；经省、自治区、直辖市人民政府在征地批准权限内批准农用地转用的，同时办理征地审批手续，不再另行办理征地审批，超过征地批准权限的，应当依照本条第一款的规定另行办理征地审批。

第四十六条 国家征收土地的，依照法定程序批准后，由县级以上地方人民政府予以公告并组织实施。

被征收土地的所有权人、使用权人应当在公告规定期限内，持土地权属证书到当地人民政府土地行政主管部门办理征地补偿登记。

第四十七条 征收土地的，按照被征收土地的原用途给予补偿。

征收耕地的补偿费用包括土地补偿费、安置补助费以及地上附着物和青苗的补偿费。征收耕地的土地补偿费，为该耕地被征收前三年平均年产值的六至十倍。征收耕地的安置补助费，按照需要安置的农业人口数计算。需要安置的农业人口数，按照被征收的耕地数量除以征地前被征收单位平均每人占有耕地的数量计算。每一个需要安置的农业人口的安置补助费标准，为该耕地被征收前三年平均年产值的四至六倍。但是，每公顷被征收耕地的安置补助费，最高不得超过被征收前三年平均年产值的十五倍。

征收其他土地的土地补偿费和安置补助费标准，由省、自治区、直辖市参照征收耕地的土地补偿费和安置补助费的标准规定。

被征收土地上的附着物和青苗的补偿标准，由省、自治区、直辖市规定。

征收城市郊区的菜地，用地单位应当按照国家有关规定缴纳新菜地开发建设基金。

依照本条第二款的规定支付土地补偿费和安置补助费，尚不能使需要安置的农民保持原有生活水平的，经省、自治区、直辖市人民政府批准，可以增加安置补助费。但是，土地补偿费和安置补助费的总和不得超过土地被征收前三年平均年产值的三十倍。

国务院根据社会、经济发展水平，在特殊情况下，可以提高征收耕地的土地补偿费和安置补助费的标准。

第四十八条 征地补偿安置方案确定后，有关地方人民政府应当公告，并听取被征地的农村集体经济组织和农民的意见。

第四十九条 被征地的农村集体经济组织应当将征收土地的补偿费用的收支状况向本集体经济组织的成员公布，接受监督。

禁止侵占、挪用被征收土地单位的征地补偿费用和其他有关费用。

第五十条 地方各级人民政府应当支持被征地的农村集体经济组织和农民从事开发经营，兴办企业。

第五十一条 大中型水利、水电工程建设征收土地的补偿费标准和移民安置办法，由国务院另行规定。

第五十二条 建设项目可行性研究论证时，土地行政主管部门可以根据土地利用总体规划、土地利用年度计划和建设用地标准，对建设用地有关事项进行审查，并提出意见。

第五十三条 经批准的建设项目需要使用国有建设用地的，建设单位应当持法律、行政法规规定的有关文件，向有批准权的县级以上人民政府土地行政主管部门提出建设用地申请，经土地行政主管部门审查，报本级人民政府批准。

第五十四条 建设单位使用国有土地，应当以出让等有偿使用方式取得；但是，下列建设用地，经县级以上人民政府依法批准，可以以划拨方式取得：

（一）国家机关用地和军事用地；

（二）城市基础设施用地和公益事业用地；

（三）国家重点扶持的能源、交通、水利等基础设施用地；

（四）法律、行政法规规定的其他用地。

第五十五条 以出让等有偿使用方式取得国有土地使用权的建设单位，按照国务院规定的标准和办法，缴纳土地使用权出让金等土地有偿使用费和其他费用后，方可使用土地。

自本法施行之日起，新增建设用地的土地有偿使用费，百分之三十上缴中央财政，百分之七十留给有关地方人民政府，都专项用于耕地开发。

第五十六条 建设单位使用国有土地的，应当按照土地使用权出让等有偿使用合同的约定或者土地使用权划拨批准文件的规定使用土地；确需改变该幅土地建设用途的，应当经有关人民政府土地行政主管部门同意，报原批准用地的人民政府批准。其中，在城市规划区内改变土地用途的，在报批前，应当先经有关城市规划行政主管部门同意。

第五十七条 建设项目施工和地质勘查需要临时使用国有土地或者农民集体所有的土地的，由县级以上人民政府土地行政主管部门批准。其中，在城市规划区内的临时用地，在报批前，应当先经有关城市规划行政主管部门同意。土地使用者应当根据土地权属，与有关土地行政主管部门或者农村集体经济组织、村民委员会签订临时使用土地合同，并按照合同的约定支付临时使用土地补偿费。

临时使用土地的使用者应当按照临时使用土地合同约定的用途使用土地，并不得修建永久性建筑物。

临时使用土地期限一般不超过二年。

第五十八条 有下列情形之一的，由有关人民政府土地行政主管部门报经原批准用地的人民政府或者有批准权的人民政府批准，可以收回国有土地使用权：

（一）为公共利益需要使用土地的；

（二）为实施城市规划进行旧城区改建，需要调整使用土地的；

（三）土地出让等有偿使用合同约定的使用期限届满，土地使用者未申请续期或者申请续期未获批准的；

（四）因单位撤销、迁移等原因，停止使用原划拨的国有土地的；

（五）公路、铁路、机场、矿场等经核准报废的。

依照前款第（一）项、第（二）项的规定收回国有土地使用权的，对土地使用权人应当给予适当补偿。

第五十九条 乡镇企业、乡（镇）村公共设施、公益事业、农村村民住宅等乡（镇）村建设，应当按照村庄和集镇规划，合理布局，综合开发，配套建设；建设用地，应当符合乡（镇）土地利用总体规划和土地利用年度计划，并依照本法第四十四条、第六十条、第六十一条、第六十二条的规定办理审批手续。

第六十条 农村集体经济组织使用乡（镇）土地利用总体规划确定的建设用地兴办企业或者与其他单位、个人以土地使用权入股、联营等形式共同举办企业的，应当持有关批准文件，向县级以上地方人民政府土地行政主管部门提出申请，按照省、自治区、直辖市规定的批准权限，由县级以上地方人民政府批准；其中，涉及占用农用地的，依照本法第四十四条的规定办理审批手续。

按照前款规定兴办企业的建设用地，必须严格控制。省、自治区、直辖市可以按照乡镇企业的不同行业和经营规模，分别规定用地标准。

第六十一条　乡（镇）村公共设施、公益事业建设，需要使用土地的，经乡（镇）人民政府审核，向县级以上地方人民政府土地行政主管部门提出申请，按照省、自治区、直辖市规定的批准权限，由县级以上地方人民政府批准；其中，涉及占用农用地的，依照本法第四十四条的规定办理审批手续。

第六十二条　农村村民一户只能拥有一处宅基地，其宅基地的面积不得超过省、自治区、直辖市规定的标准。

农村村民建住宅，应当符合乡（镇）土地利用总体规划，并尽量使用原有的宅基地和村内空闲地。

农村村民住宅用地，经乡（镇）人民政府审核，由县级人民政府批准；其中，涉及占用农用地的，依照本法第四十四条的规定办理审批手续。

农村村民出卖、出租住房后，再申请宅基地的，不予批准。

第六十三条　农民集体所有的土地的使用权不得出让、转让或者出租用于非农业建设；但是，符合土地利用总体规划并依法取得建设用地的企业，因破产、兼并等情形致使土地使用权依法发生转移的除外。

第六十四条　在土地利用总体规划制定前已建的不符合土地利用总体规划确定的用途的建筑物、构筑物，不得重建、扩建。

第六十五条　有下列情形之一的，农村集体经济组织报经原批准用地的人民政府批准，可以收回土地使用权：

（一）为乡（镇）村公共设施和公益事业建设，需要使用土地的；

（二）不按照批准的用途使用土地的；

（三）因撤销、迁移等原因而停止使用土地的。

依照前款第（一）项规定收回农民集体所有的土地的，对土地使用权人应当给予适当补偿。

第六章 监督检查

第六十六条 县级以上人民政府土地行政主管部门对违反土地管理法律、法规的行为进行监督检查。

土地管理监督检查人员应当熟悉土地管理法律、法规，忠于职守、秉公执法。

第六十七条 县级以上人民政府土地行政主管部门履行监督检查职责时，有权采取下列措施：

（一）要求被检查的单位或者个人提供有关土地权利的文件和资料，进行查阅或者予以复制；

（二）要求被检查的单位或者个人就有关土地权利的问题作出说明；

（三）进入被检查单位或者个人非法占用的土地现场进行勘测；

（四）责令非法占用土地的单位或者个人停止违反土地管理法律、法规的行为。

第六十八条 土地管理监督检查人员履行职责，需要进入现场进行勘测、要求有关单位或者个人提供文件、资料和作出说明的，应当出示土地管理监督检查证件。

第六十九条 有关单位和个人对县级以上人民政府土地行政主管部门就土地违法行为进行的监督检查应当支持与配合，并提供工作方便，不得拒绝与阻碍土地管理监督检查人员依法执行职务。

第七十条 县级以上人民政府土地行政主管部门在监督检查工作中发现国家工作人员的违法行为，依法应当给予行政处分的，应当依法予以处理；自己无权处理的，应当向同级或者上级人民政府的行政监察机关提出行政处分建议书，有关行政监察机关应当依法予以处理。

第七十一条 县级以上人民政府土地行政主管部门在监督检查

工作中发现土地违法行为构成犯罪的，应当将案件移送有关机关，依法追究刑事责任；尚不构成犯罪的，应当依法给予行政处罚。

第七十二条 依照本法规定应当给予行政处罚，而有关土地行政主管部门不给予行政处罚的，上级人民政府土地行政主管部门有权责令有关土地行政主管部门作出行政处罚决定或者直接给予行政处罚，并给予有关土地行政主管部门的负责人行政处分。

第七章 法律责任

第七十三条 买卖或者以其他形式非法转让土地的，由县级以上人民政府土地行政主管部门没收违法所得；对违反土地利用总体规划擅自将农用地改为建设用地的，限期拆除在非法转让的土地上新建的建筑物和其他设施，恢复土地原状，对符合土地利用总体规划的，没收在非法转让的土地上新建的建筑物和其他设施；可以并处罚款；对直接负责的主管人员和其他直接责任人员，依法给予行政处分；构成犯罪的，依法追究刑事责任。

第七十四条 违反本法规定，占用耕地建窑、建坟或者擅自在耕地上建房、挖砂、采石、采矿、取土等，破坏种植条件的，或者因开发土地造成土地荒漠化、盐渍化的，由县级以上人民政府土地行政主管部门责令限期改正或者治理，可以并处罚款；构成犯罪的，依法追究刑事责任。

第七十五条 违反本法规定，拒不履行土地复垦义务的，由县级以上人民政府土地行政主管部门责令限期改正；逾期不改正的，责令缴纳复垦费，专项用于土地复垦，可以处以罚款。

第七十六条 未经批准或者采取欺骗手段骗取批准，非法占用土地的，由县级以上人民政府土地行政主管部门责令退还非法占用的土地，对违反土地利用总体规划擅自将农用地改为建设用地的，限期拆除在非法占用的土地上新建的建筑物和其他设施，恢复土地原状，对符合土地利用总体规划的，没收在非法占用的土地上新建的建筑物和其他设施，可以并处罚款；对非法占用土地单位的直接负责的主管人员和其他直接责任人员，依法给予行政处分；构成犯罪的，依法追究刑事责任。

超过批准的数量占用土地，多占的土地以非法占用土地论处。

第七十七条 农村村民未经批准或者采取欺骗手段骗取批准，非法占用土地建住宅的，由县级以上人民政府土地行政主管部门责令退还非法占用的土地，限期拆除在非法占用的土地上新建的房屋。

超过省、自治区、直辖市规定的标准，多占的土地以非法占用土地论处。

第七十八条 无权批准征收、使用土地的单位或者个人非法批准占用土地的，超越批准权限非法批准占用土地的，不按照土地利用总体规划确定的用途批准用地的，或者违反法律规定的程序批准占用、征收土地的，其批准文件无效，对非法批准征收、使用土地的直接负责的主管人员和其他直接责任人员，依法给予行政处分；构成犯罪的，依法追究刑事责任。非法批准、使用的土地应当收回，有关当事人拒不归还的，以非法占用土地论处。

非法批准征收、使用土地，对当事人造成损失的，依法应当承担赔偿责任。

第七十九条 侵占、挪用被征收土地单位的征地补偿费用和其他有关费用，构成犯罪的，依法追究刑事责任；尚不构成犯罪的，依法给予行政处分。

第八十条 依法收回国有土地使用权当事人拒不交出土地的，临时使用土地期满拒不归还的，或者不按照批准的用途使用国有土地的，由县级以上人民政府土地行政主管部门责令交还土地，处以罚款。

第八十一条 擅自将农民集体所有的土地的使用权出让、转让或者出租用于非农业建设的，由县级以上人民政府土地行政主管部门责令限期改正，没收违法所得，并处罚款。

第八十二条 不依照本法规定办理土地变更登记的，由县级以上人民政府土地行政主管部门责令其限期办理。

第八十三条　依照本法规定，责令限期拆除在非法占用的土地上新建的建筑物和其他设施的，建设单位或者个人必须立即停止施工，自行拆除；对继续施工的，作出处罚决定的机关有权制止。建设单位或者个人对责令限期拆除的行政处罚决定不服的，可以在接到责令限期拆除决定之日起十五日内，向人民法院起诉；期满不起诉又不自行拆除的，由作出处罚决定的机关依法申请人民法院强制执行，费用由违法者承担。

第八十四条　土地行政主管部门的工作人员玩忽职守、滥用职权、徇私舞弊，构成犯罪的，依法追究刑事责任；尚不构成犯罪的，依法给予行政处分。

第八章　附　　则

第八十五条　中外合资经营企业、中外合作经营企业、外资企业使用土地的，适用本法；法律另有规定的，从其规定。

第八十六条　本法自1999年1月1日起施行。

附件4：中华人民共和国土地管理法实施条例

中华人民共和国土地管理法实施条例

（1998年12月27日国务院令第256号发布）

第一章　总　　则

第一条　根据《中华人民共和国土地管理法》（以下简称《土地管理法》），制定本条例。

第二章　土地的所有权和使用权

第二条　下列土地属于全民所有即国家所有：

（一）城市市区的土地；

（二）农村和城市郊区中已经依法没收、征收、征购为国有的土地；

（三）国家依法征用的土地；

（四）依法不属于集体所有的林地、草地、荒地、滩涂及其他土地；

（五）农村集体经济组织全部成员转为城镇居民的，原属于其成员集体所有的土地；

（六）因国家组织移民、自然灾害等原因，农民成建制地集体迁移后不再使用的原属于迁移农民集体所有的土地。

第三条　国家依法实行土地登记发证制度。依法登记的土地所有权和土地使用权受法律保护，任何单位和个人不得侵犯。

土地登记内容和土地权属证书式样由国务院土地行政主管部门统一规定。

土地登记资料可以公开查询。

确认林地、草原的所有权或者使用权，确认水面、滩涂的养殖使用权，分别依照《森林法》、《草原法》和《渔业法》的有关规定办理。

第四条　农民集体所有的土地，由土地所有者向土地所在地的县级人民政府土地行政主管部门提出土地登记申请，由县级人民政府登记造册，核发集体土地所有权证书，确认所有权。

农民集体所有的土地依法用于非农业建设的，由土地使用者向土地所在地的县级人民政府土地行政主管部门提出土地登记申请，由县级人民政府登记造册，核发集体土地使用权证书，确认建设用地使用权。

设区的市人民政府可以对市辖区内农民集体所有的土地实行

统一登记。

第五条 单位和个人依法使用的国有土地，由土地使用者向土地所在地的县级以上人民政府土地行政主管部门提出土地登记申请，由县级以上人民政府登记造册，核发国有土地使用权证书，确认使用权。其中，中央国家机关使用的国有土地的登记发证，由国务院土地行政主管部门负责，具体登记发证办法由国务院土地行政主管部门会同国务院机关事务管理局等有关部门制定。

未确定使用权的国有土地，由县级以上人民政府登记造册，负责保护管理。

第六条 依法改变土地所有权、使用权的，因依法转让地上建筑物、构筑物等附着物导致土地使用权转移的，必须向土地所在地的县级以上人民政府土地行政主管部门提出土地变更登记申请，由原土地登记机关依法进行土地所有权、使用权变更登记。土地所有权、使用权的变更，自变更登记之日起生效。

依法改变土地用途的，必须持批准文件，向土地所在地的县级以上人民政府土地行政主管部门提出土地变更登记申请，由原土地登记机关依法进行变更登记。

第七条 依照《土地管理法》的有关规定，收回用地单位的土地使用权的，由原土地登记机关注销土地登记。

土地使用权有偿使用合同约定的使用期限届满，土地使用者未申请续期或者虽申请续期未获批准的，由原土地登记机关注销土地登记。

第三章 土地利用总体规划

第八条 全国土地利用总体规划，由国务院土地行政主管部门会同国务院有关部门编制，报国务院批准。

省、自治区、直辖市的土地利用总体规划，由省、自治区、直辖市人民政府组织本级土地行政主管部门和其他有关部门编制，报国务院批准。

省、自治区人民政府所在地的市、人口在100万以上的城市以及国务院指定的城市的土地利用总体规划，由各该市人民政府组织本级土地行政主管部门和其他有关部门编制，经省、自治区人民政府审查同意后，报国务院批准。

本条第一款、第二款、第三款规定以外的土地利用总体规划，由有关人民政府组织本级土地行政主管部门和其他有关部门编制，逐级上报省、自治区、直辖市人民政府批准；其中，乡（镇）土地利用总体规划，由乡（镇）人民政府编制，逐级上报省、自治区、直辖市人民政府或者省、自治区、直辖市人民政府授权的设区的市、自治州人民政府批准。

第九条 土地利用总体规划的规划期限一般为15年。

第十条 依照《土地管理法》规定，土地利用总体规划应当将土地划分为农用地、建设用地和未利用地。

县级和乡（镇）土地利用总体规划应当根据需要，划定基本农田保护区、土地开垦区、建设用地区和禁止开垦区等；其中，乡（镇）土地利用总体规划还应当根据土地使用条件，确定每一块土地的用途。

土地分类和划定土地利用区的具体办法，由国务院土地行政主管部门会同国务院有关部门制定。

第十一条 乡（镇）土地利用总体规划经依法批准后，乡（镇）人民政府应当在本行政区域内予以公告。

公告应当包括下列内容：

（一）规划目标；

（二）规划期限；

（三）规划范围；

（四）地块用途；

（五）批准机关和批准日期。

第十二条 依照《土地管理法》第二十六条第二款、第三款规定修改土地利用总体规划的，由原编制机关根据国务院或者省、自治区、直辖市人民政府的批准文件修改。修改后的土地利用总体规划应当报原批准机关批准。

上一级土地利用总体规划修改后，涉及修改下一级土地利用总体规划的，由上一级人民政府通知下一级人民政府作出相应修改，并报原批准机关备案。

第十三条　各级人民政府应当加强土地利用年度计划管理，实行建设用地总量控制。土地利用年度计划一经批准下达，必须严格执行。

土地利用年度计划应当包括下列内容：

（一）农用地转用计划指标；

（二）耕地保有量计划指标；

（三）土地开发整理计划指标。

第十四条　县级以上人民政府土地行政主管部门应当会同同级有关部门进行土地调查。

土地调查应当包括下列内容：

（一）土地权属；

（二）十地利用现状；

（三）土地条件。

地方土地利用现状调查结果，经本级人民政府审核，报上一级人民政府批准后，应当向社会公布；全国土地利用现状调查结果，报国务院批准后，应当向社会公布。土地调查规程，由国务院土地行政主管部门会同国务院有关部门制定。

第十五条　国务院土地行政主管部门会同国务院有关部门制定土地等级评定标准。

县级以上人民政府土地行政主管部门应当会同同级有关部门根据土地等级评定标准，对土地等级进行评定。地方土地等级评定结果，经本级人民政府审核，报上一级人民政府土地行政主管部门批准后，应当向社会公布。

根据国民经济和社会发展状况，土地等级每6年调整1次。

第四章　耕地保护

第十六条　在土地利用总体规划确定的城市和村庄、集镇建设用地范围内，为实施城市规划和村庄、集镇规划占用耕地，以及在土地利用总体规划确定的城市建设用地范围外的能源、交通、水利、矿山、军事设施等建设项目占用耕地的，分别由市、县人民政府、农村集体经济组织和建设单位依照《土地管理法》第三十一条的规定负责开垦耕地；没有条件开垦或者开垦的耕地不符合要求的，应当按照省、自治区、直辖市的规定缴纳耕地开垦费。

第十七条　禁止单位和个人在土地利用总体规划确定的禁止开垦区内从事土地开发活动。

在土地利用总体规划确定的土地开垦区内，开发未确定土地使用权的国有荒山、荒地、荒滩从事种植业、林业、畜牧业、渔业生产的，应当向土地所在地的县级以上人民政府土地行政主管部门提出申请，报有批准权的人民政府批准。

一次性开发未确定土地使用权的国有荒山、荒地、荒滩600公顷以下的，按照省、自治区、直辖市规定的权限，由县级以上地方人民政府批准；开发600公顷以上的，报国务院批准。

开发未确定土地使用权的国有荒山、荒地、荒滩从事种植业、林业、畜牧业或者渔业生产的，经县级以上人民政府依法批准，可以确定给开发单位或者个人长期使用，使用期限最长不得超过50年。

第十八条　县、乡（镇）人民政府应当按照土地利用总体规划，组织农村集体经济组织制定土地整理方案，并组织实施。

地方各级人民政府应当采取措施，按照土地利用总体规划推进土地整理。土地整理新增耕地面积的百分之六十可以用作折抵建设占用耕地的补偿指标。

土地整理所需费用，按照谁受益谁负担的原则，由农村集体经济组织和土地使用者共同承担。

第五章 建设用地

第十九条 建设占用土地，涉及农用地转为建设用地的，应当符合土地利用总体规划和土地利用年度计划中确定的农用地转用指标；城市和村庄、集镇建设占用土地，涉及农用地转用的，还应当符合城市规划和村庄、集镇规划。不符合规定的，不得批准农用地转为建设用地。

第二十条 在土地利用总体规划确定的城市建设用地范围内，为实施城市规划占用土地的，按照下列规定办理：

（一）市、县人民政府按照土地利用年度计划拟订农用地转用方案、补充耕地方案、征用土地方案，分批次逐级上报有批准权的人民政府。

（二）有批准权的人民政府土地行政主管部门对农用地转用方案、补充耕地方案、征用土地方案进行审查，提出审查意见，报有批准权的人民政府批准；其中，补充耕地方案由批准农用地转用方案的人民政府在批准农用地转用方案时一并批准。

（三）农用地转用方案、补充耕地方案、征用土地方案经批准后，由市、县人民政府组织实施，按具体建设项目分别供地。

在土地利用总体规划确定的村庄、集镇建设用地范围内，为实施村庄、集镇规划占用土地的，由市、县人民政府拟订农用地转用方案、补充耕地方案，依照前款规定的程序办理。

第二十一条 具体建设项目需要使用土地的，建设单位应当根据建设项目的总体设计一次申请，办理建设用地审批手续；分期建设的项目，可以根据可行性研究报告确定的方案分期申请建设用地，分期办理建设用地有关审批手续。

第二十二条 具体建设项目需要占用土地利用总体规划确定的城市建设用地范围内的国有建设用地的，按照下列规定办理：

（一）建设项目可行性研究论证时，由土地行政主管部门对建设项目用地有关事项进行审查，提出建设项目用地预审报告；可行性研究报告报批时，必须附具土地行政主管部门出具的建设项目用地预审报告。

（二）建设单位持建设项目的有关批准文件，向市、县人民政府土地行政主管部门提出建设用地申请，由市、县人民政府土地行政主管部门审查，拟订供地方案，报市、县人民政府批准；需要上级人民政府批准的，应当报上级人民政府批准。

（三）供地方案经批准后，由市、县人民政府向建设单位颁发建设用地批准书。有偿使用国有土地的，由市、县人民政府土地行政主管部门与土地使用者签订国有土地有偿使用合同；划拨使用国有土地的，由市、县人民政府土地行政主管部门向土地使用者核发国有土地划拨决定书。

（四）土地使用者应当依法申请土地登记。

通过招标、拍卖方式提供国有建设用地使用权的，由市、县人民政府土地行政主管部门会同有关部门拟订方案，报市、县人民政府批准后，由市、县人民政府土地行政主管部门组织实施，并与土地使用者签订土地有偿使用合同。土地使用者应当依法申请土地登记。

第二十三条 具体建设项目需要使用土地的，必须依法申请使用土地利用总体规划确定的城市建设用地范围内的国有建设用地。能源、交通、水利、矿山、军事设施等建设项目确需使用土地利用总体规划确定的城市建设用地范围外的土地，涉及农用地的，按照下列规定办理：

（一）建设项目可行性研究论证时，由土地行政主管部门对建设项目用地有关事项进行审查，提出建设项目用地预审报告；可行性研究报告报批时，必须附具土地行政主管部门出具的建设项目用地预审报告。

（二）建设单位持建设项目的有关批准文件，向市、县人民政府土地行政主管部门提出建设用地申请，由市、县人民政府土地行政主管部门审查，拟订农用地转用方案、补充耕地方案、征用土地方案和供地方案（涉及国有农用地的，不拟订征用土地方案），经市、县人民政府审核同意后，逐级上报有批准权的人民政府批准；其中，补充耕地方案由批准农用地转用方案的人民政府在批准农用地转用方案时一并批准；供地方案由批准征用土地的人民政府在批准征用土地方案时一并批准（涉及国有农用地的，供地方案由批准农用地转用的人民政府在批准农用地转用方案时一并批准）。

（三）农用地转用方案、补充耕地方案、征用土地方案和供地方案经批准后，由市、县人民政府组织实施，向建设单位颁发建设用地批准书。有偿使用国有土地的，由市、县人民政府土地行政主管部门与土地使用者签订国有土地有偿使用合同；划拨使用国有土地的，由市、县人民政府土地行政主管部门向土地使用者核发国有土地划拨决定书。

（四）土地使用者应当依法申请土地登记。

建设项目确需使用土地利用总体规划确定的城市建设用地范围外的土地，涉及农民集体所有的未利用地的，只报批征用土地方案和供地方案。

第二十四条　具体建设项目需要占用土地利用总体规划确定的国有未利用地的，按照省、自治区、直辖市的规定办理；但是，国家重点建设项目、军事设施和跨省、自治区、直辖市行政区域的建设项目以及国务院规定的其他建设项目用地，应当报国务院批准。

第二十五条　征用土地方案经依法批准后，由被征用土地所在地的市、县人民政府组织实施，并将批准征地机关、批准文号、征用土地的用途、范围、面积以及征地补偿标准、农业人员安置办法和办理征地补偿的期限等，在被征用土地所在地的乡（镇）、村予以公告。

被征用土地的所有权人、使用权人应当在公告规定的期限内，持土地权属证书到公告指定的人民政府土地行政主管部门办理征地补偿登记。

市、县人民政府土地行政主管部门根据经批准的征用土地方案，会同有关部门拟订征地补偿、安置方案，在被征用土地所在地的乡（镇）、村予以公告，听取被征用土地的农村集体经济组织和农民的意见。征地补偿、安置方案报市、县人民政府批准后，由市、县人民政府土地行政主管部门组织实施。对补偿标准有争议的，由县级以上地方人民政府协调；协调不成的，由批准征用土地的人民政府裁决。征地补偿、安置争议不影响征用土地方案的实施。

征用土地的各项费用应当自征地补偿、安置方案批准之日起3个月内全额支付。

第二十六条 土地补偿费归农村集体经济组织所有；地上附着物及青苗补偿费归地上附着物及青苗的所有者所有。

征用土地的安置补助费必须专款专用，不得挪作他用。需要安置的人员由农村集体经济组织安置的，安置补助费支付给农村集体经济组织，由农村集体经济组织管理和使用；由其他单位安置的，安置补助费支付给安置单位；不需要统一安置的，安置补助费发放给被安置人员个人或者征得被安置人员同意后用于支付被安置人员的保险费用。

市、县和乡（镇）人民政府应当加强对安置补助费使用情况的监督。

第二十七条 抢险救灾等急需使用土地的，可以先行使用土地。其中，属于临时用地的，灾后应当恢复原状并交还原土地使用者使用，不再办理用地审批手续；属于永久性建设用地的，建设单位应当在灾情结束后6个月内申请补办建设用地审批手续。

第二十八条 建设项目施工和地质勘查需要临时占用耕地的，土地使用者应当自临时用地期满之日起1年内恢复种植条件。

第二十九条 国有土地有偿使用的方式包括：

（一）国有土地使用权出让；

（二）国有土地租赁；

（三）国有土地使用权作价出资或者入股。

第三十条 《土地管理法》第五十五条规定的新增建设用地的土地有偿使用费，是指国家在新增建设用地中应取得的平均土地纯收益。

第六章 监督检查

第三十一条 土地管理监督检查人员应当经过培训，经考核合格后，方可从事土地管理监督检查工作。

第三十二条 土地行政主管部门履行监督检查职责，除采取《土地管理法》第六十七条规定的措施外，还可以采取下列措施：

（一）询问违法案件的当事人、嫌疑人和证人；

（二）进入被检查单位或者个人非法占用的土地现场进行拍照、摄像；

（三）责令当事人停止正在进行的土地违法行为；

（四）对涉嫌土地违法的单位或者个人，停止办理有关土地审批、登记手续；

（五）责令违法嫌疑人在调查期间不得变卖、转移与案件有关的财物。

第三十三条 依照《土地管理法》第七十二条规定给予行政处分的，由责令作出行政处罚决定或者直接给予行政处罚决定的上级人民政府土地行政主管部门作出。对于警告、记过、记大过的行政处分决定，上级土地行政主管部门可以直接作出；对于降级、撤职、开除的行政处分决定，上级土地行政主管部门应当按照国家有关人事管理权限和处理程序的规定，向有关机关提出行政处分建议，由有关机关依法处理。

第七章 法律责任

第三十四条 违反本条例第十七条的规定，在土地利用总体规划确定的禁止开垦区内进行开垦的，由县级以上人民政府土地行政主管部门责令限期改正；逾期不改正的，依照《土地管理法》第七十六条的规定处罚。

第三十五条 在临时使用的土地上修建永久性建筑物、构筑物的，由县级以上人民政府土地行政主管部门责令限期拆除；逾期不拆除的，由作出处罚决定的机关依法申请人民法院强制执行。

第三十六条 对在土地利用总体规划制定前已建的不符合土地利用总体规划确定的用途的建筑物、构筑物重建、扩建的，由县级以上人民政府土地行政主管部门责令限期拆除；逾期不拆除的，由作出处罚决定的机关依法申请人民法院强制执行。

第三十七条 阻碍土地行政主管部门的工作人员依法执行职务的，依法给予治安管理处罚或者追究刑事责任。

第三十八条 依照《土地管理法》第七十三条的规定处以罚款的，罚款额为非法所得的百分之五十以下。

第三十九条 依照《土地管理法》第八十一条的规定处以罚款的，罚款额为非法所得的百分之五以上百分之二十以下。

第四十条 依照《土地管理法》第七十四条的规定处以罚款的，罚款额为耕地开垦费的2倍以下。

第四十一条 依照《土地管理法》第七十五条的规定处以罚款的，罚款额为土地复垦费的2倍以下。

第四十二条 依照《土地管理法》第七十六条的规定处以罚款的，罚款额为非法占用土地每平方米30元以下。

第四十三条 依照《土地管理法》第八十条的规定处以罚款的，罚款额为非法占用土地每平方米10元以上30元以下。

第四十四条 违反本条例第二十八条的规定，逾期不恢复种植条件的，由县级以上人民政府土地行政主管部门责令限期改正，可以处耕地复垦费2倍以下的罚款。

第四十五条 违反土地管理法律、法规规定，阻挠国家建设征用土地的，由县级以上人民政府土地行政主管部门责令交出土地；拒不交出土地的，申请人民法院强制执行。

第八章 附 则

第四十六条 本条例自 1999 年 1 月 1 日起施行。1991 年 1 月 4 日国务院发布的《中华人民共和国土地管理法实施条例》同时废止。

附件 5：确定土地所有权和使用权的若干规定

关于印发《确定土地所有权和使用权的若干规定》的通知

1995 年 3 月 11 日，国家土地管理局

各省、自治区、直辖市土地（国土）管理局（厅）：

国家土地管理局《关于确定土地权属问题的若干意见》（〔1989〕国土〔籍〕字第 73 号，以下简称《意见》）印发五年多来，对于贯彻《土地管理法》，解决土地权属争议，促进土地登记工作起到了重要作用。随着土地使用制度改革的深化和发展，需要对《意见》加以充实和完善。为此，我局在研究、总结了各地确权实践及各方面意见和建议的基础上，根据有关法律、法规和政策，将《意见》修订为《确定土地所有权和使用权的若干规定》。现印发给你们，请遵照执行，原《意见》同时废止。

确定土地所有权和使用权的若干规定

第一章 总 则

第一条 为了确定土地所有权和使用权，依法进行土地登记，根据有关的法律、法规和政策，制订本规定。

第二条 土地所有权和使用权由县级以上人民政府确定，土地管理部门具体承办。

土地权属争议，由土地管理部门提出处理意见，报人民政府下达处理决定或报人民政府批准后由土地管理部门下达处理决定。

第二章 国家土地所有权

第三条 城市市区范围内的土地属于国家所有。

第四条 依据一九五〇年《中华人民共和国土地改革法》及有关规定，凡当时没有将土地所有权分配给农民的土地属于国家所有；实施一九六二年《农村人民公社工作条例修正草案》（以下简称《六十条》）未划入农民集体范围内的土地属于国家所有。

第五条 国家建设征用的土地，属于国家所有。

第六条 开发利用国有土地，开发利用者依法享有土地使用权，土地所有权仍属国家。

第七条 国有铁路线路、车站、货场用地以及依法留用的其他铁路用地属于国家所有。土改时已分配给农民所有的原铁路用地和新建铁路两侧未经征用的农民集体所有土地属于农民集体所有。

第八条 县级以上（含县级）公路线路用地属于国家所有。公路两侧保护用地和公路其他用地凡未经征用的农民集体所有的土地仍属于农民集体所有。

第九条　国有电力、通讯设施用地属于国家所有。但国有电力通讯杆塔占用农民集体所有的土地，未办理征用手续的，土地仍属于农民集体所有，对电力通讯经营单位可确定为他项权利。

第十条　军队接收的敌伪地产及解放后经人民政府批准征用、划拨的军事用地属于国家所有。

第十一条　河道堤防内的土地和堤防外的护堤地，无堤防河道历史最高洪水位或者设计洪水位以下的土地，除土改时已将所有权分配给农民，国家未征用，且迄今仍归农民集体使用的外，属于国家所有。

第十二条　县级以上（含县级）水利部门直接管理的水库、渠道等水利工程用地属于国家所有。水利工程管理和保护范围内未经征用的农民集体土地仍属于农民集体所有。

第十三条　国家建设对农民集体全部进行移民安置并调剂土地后，迁移农民集体原有土地转为国家所有。但移民后原集体仍继续使用的集体所有土地，国家未进行征用的，其所有权不变。

第十四条　因国家建设征用土地，农民集体建制被撤销或其人口全部转为非农业人口，其未经征用的土地，归国家所有。继续使用原有土地的原农民集体及其成员享有国有土地使用权。

第十五条　全民所有制单位和城镇集体所有制单位兼并农民集体企业的，办理有关手续后，被兼并的原农民集体企业使用的集体所有土地转为国家所有。乡（镇）企业依照国家建设征用土地的审批程序和补偿标准使用的非本乡（镇）村农民集体所有的土地，转为国家所有。

第十六条　一九六二年九月《六十条》公布以前，全民所有制单位，城市集体所有制单位和集体所有制的华侨农场使用的原农民集体所有的土地（含合作化之前的个人土地），迄今没有退给农民集体的，属于国家所有。《六十条》公布时起至一九八二年五月《国家建设征用土地条例》公布时止，全民所有制单位、城市集体所有制单位使用的原农民集体所有的土地，有下列情形之一的，属于国家所有：

1. 签订过土地转移等有关协议的；

2. 经县级以上人民政府批准使用的；

3. 进行过一定补偿或安置劳动力的；

4. 接受农民集体馈赠的；

5. 已购买原集体所有的建筑物的；

6. 农民集体所有制企事业单位转为全民所有制或者城市集体所有制单位的。

一九八二年五月《国家建设征用土地条例》公布时起至一九八七年《土地管理法》开始施行时止，全民所有制单位、城市集体所有制单位违反规定使用的农民集体土地，依照有关规定进行了清查处理后仍由全民所有制单位、城市集体所有制单位使用的，确定为国家所有。

凡属上述情况以外未办理征地手续使用的农民集体土地，由县级以上地方人民政府根据具体情况，按当时规定补办征地手续，或退还农民集体。一九八七年《土地管理法》施行后违法占用的农民集体土地，必须依法处理后，再确定土地所有权。

第十七条 一九八六年三月中共中央、国务院《关于加强土地管理、制止乱占耕地的通知》发布之前，全民所有制单位、城市集体所有制单位租用农民集体所有的土地，按照有关规定处理后，能够恢复耕种的，退还农民集体耕种，所有权仍属于农民集体；已建成永久性建筑物的，由用地单位按租用时的规定，补办手续，土地归国家所有。凡已经按照有关规定处理了的，可按处理决定确定所有权和使用权。

第十八条 土地所有权有争议，不能依法证明争议土地属于农民集体所有的，属于国家所有。

第三章 集体土地所有权

第十九条 土地改革时分给农民并颁发了土地所有证的土

地，属于农民集体所有；实施《六十条》时确定为集体所有的土地，属农民集体所有。依照第二章规定属于国家所有的除外。

第二十条　村农民集体所有的土地，按目前该村农民集体实际使用的本集体土地所有权界线确定所有权。

根据《六十条》确定的农民集体土地所有权，由于下列原因发生变更的，按变更后的现状确定集体土地所有权。

（一）由于村、队、社、场合并或分割等管理体制的变化引起土地所有权变更的；

（二）由于土地开发、国家征地、集体兴办企事业或者自然灾害等原因进行过土地调整的；

（三）由于农田基本建设和行政区划变动等原因重新划定土地所有权界线的。行政区划变动未涉及土地权属变更的，原土地权属不变。

第二十一条　农民集体连续使用其他农民集体所有的土地已满二十年的，应视为现使用者所有；连续使用不满二十年，或者虽满二十年但在二十年期满之前所有者曾向现使用者或有关部门提出归还的，由县级以上人民政府根据具体情况确定土地所有权。

第二十二条　乡（镇）或村在集体所有的土地上修建并管理的道路、水利设施用地，分别属于乡（镇）或村农民集体所有。

第二十三条　乡（镇）或村办企事业单位使用的集体土地，《六十条》公布以前使用的，分别属于该乡（镇）或村农民集体所有；《六十条》公布时起至一九八二年国务院《村镇建房用地管理条例》发布时止使用的，有下列情况之一的，分别属于该乡（镇）或村农民集体所有：

1. 签订过用地协议的（不含租借）；

2. 经县、乡（公社）、村（大队）批准或同意，并进行了适当的土地调整或者经过一定补偿的；

3. 通过购买房屋取得的；

4. 原集体企事业单位体制经批准变更的。

一九八二年国务院《村镇建房用地管理条例》发布时起至一九八七年《土地管理法》开始施行时止，乡（镇）、村办企事业单位违反规定使用的集体土地按照有关规定清查处理后，乡（镇）、村集体单位继续使用的，可确定为该乡（镇）或村集体所有。

乡（镇）、村办企事业单位采用上述以外的方式占用的集体土地，或虽采用上述方式，但目前土地利用不合理的，如荒废、闲置等，应将其全部或部分土地退还原村或乡农民集体，或按有关规定进行处理。一九八七年《土地管理法》施行后违法占用的土地，须依法处理后再确定所有权。

第二十四条 乡（镇）企业使用本乡（镇）、村集体所有的土地，依照有关规定进行补偿和安置的，土地所有权转为乡（镇）农民集体所有。经依法批准的乡（镇）、村公共设施、公益事业使用的农民集体土地，分别属于乡（镇）、村农民集体所有。

第二十五条 农民集体经依法批准以土地使用权作为联营条件与其他单位或个人举办联营企业的，或者农民集体经依法批准以集体所有的土地的使用权作价入股，举办外商投资企业和内联乡镇企业的，集体土地所有权不变。

第四章 国有土地使用权

第二十六条 土地使用权确定给直接使用土地的具有法人资格的单位或个人。但法律、法规、政策和本规定另有规定的除外。

第二十七条 土地使用者经国家依法划拨、出让或解放初期接收、沿用，或通过依法转让、继承、接受地上建筑物等方式使用国有土地的，可确定其国有土地使用权。

第二十八条 土地公有制之前，通过购买房屋或土地及租赁土地方式使用私有的土地，土地转为国有后迄今仍继续使用的，可确定现使用者国有土地使用权。

第二十九条 因原房屋拆除、改建或自然坍塌等原因，已经变更了实际土地使用者的，经依法审核批准，可将土地使用权确定给实际土地使用者；空地及房屋坍塌或拆除后两年以上仍未恢复使用的土地，由当地县级以上人民政府收回土地使用权。

第三十条 原宗教团体、寺观教堂宗教活动用地，被其他单位占用，原使用单位因恢复宗教活动需要退还使用的，应按有关规定予以退还。确属无法退还或土地使用权有争议的，经协商、处理后确定土地使用权。

第三十一条 军事设施用地（含靶场、试验场、训练场）依照解放初土地接收文件和人民政府批准征用或划拨土地的文件确定土地使用权。土地使用权有争议的，按照国务院、中央军委有关文件规定处理后，再确定土地使用权。

国家确定的保留或地方代管的军事设施用地的土地使用权确定给军队，现由其他单位使用的，可依照有关规定确定为他项权利。

经国家批准撤销的军事设施，其土地使用权依照有关规定由当地县级以上人民政府收回并重新确定使用权。

第三十二条 依法接收、征用、划拨的铁路线路用地及其他铁路设施用地，现仍由铁路单位使用的，其使用权确定给铁路单位。铁路线路路基两侧依法取得使用权的保护用地，使用权确定给铁路单位。

第三十三条 国家水利、公路设施用地依照征用、划拨文件和有关法律、法规划定用地界线。

第三十四条 驻机关、企事业单位内的行政管理和服务性单位，经政府批准使用的土地，可以由土地管理部门商被驻单位规定土地的用途和其他限制条件后分别确定实际土地使用者的土地使用权。但租用房屋的除外。

第三十五条 原由铁路、公路、水利、电力、军队及其他单位和个人使用的土地，一九八二年五月《国家建设征用土地条例》公布之前，已经转由其他单位或个人使用的，除按照国家法律和政策应当退还的外，其国有土地使用权可确定给实际土地使用者，但严重影响上述部门的设施安全和正常使用的，暂不确定土地使用权，按照有关规定处理后，再确定土地使用权。一九八二年五月以后非法转让的，经依法处理后再确定使用权。

第三十六条 农民集体使用的国有土地，其使用权按县级以上人民政府主管部门审批、划拨文件确定；没有审批、划拨文件的，依照当时规定补办手续后，按使用现状确定；过去未明确划定使用界线的，由县级以上人民政府参照土地实际使用情况确定。

第三十七条 未按规定用途使用的国有土地，由县级以上人民政府收回重新安排使用，或者按有关规定处理后确定使用权。

第三十八条 一九八七年一月《土地管理法》施行之前重复划拨或重复征用的土地，可按目前实际使用情况或者根据最后一次划拨或征用文件确定使用权。

第三十九条 以土地使用权为条件与其他单位或个人合建房屋的，根据批准文件、合建协议或者投资数额确定土地使用权，但一九八二年《国家建设征用土地条例》公布后合建的，应依法办理土地转让手续后再确定土地使用权。

第四十条 以出让方式取得的土地使用权或以划拨方式取得的土地使用权补办出让手续后作为资产入股的，土地使用权确定给股份制企业。

国家以土地使用权作价入股的，土地使用权确定给股份制企业。

国家将土地使用权租赁给股份制企业的，土地使用权确定给股份制企业。企业以出让方式取得的土地使用权或以划拨方式取得的土地使用权补办出让手续后，出租给股份制企业的，土地使用权不变。

第四十一条 企业以出让方式取得的土地使用权，企业破产后，经依法处置，确定给新的受让人；企业通过划拨方式取得的土地使用权，企业破产时，其土地使用权由县级以上人民政府收回后，根据有关规定进行处置。

第四十二条　法人之间合并，依法属于应当以有偿方式取得土地使用权的，原土地使用权应当办理有关手续，有偿取得土地使用权；依法可以以划拨形式取得土地使用权的，可以办理划拨土地权属变更登记，取得土地使用权。

第五章　集体土地建设用地使用权

第四十三条　乡（镇）村办企业事业单位和个人依法使用农民集体土地进行非农业建设的，可依法确定使用者集体土地建设用地使用权。对多占少用、占而不用的，其闲置部分不予确定使用权，并退还农民集体，另行安排使用。

第四十四条　依照本规定第二十五条规定的农民集体土地，集体土地建设用地使用权确定给联营或股份企业。

第四十五条　一九八二年二月国务院发布《村镇建房用地管理条例》之前农村居民建房占用的宅基地，超过当地政府规定的面积，在《村镇建房用地管理条例》施行后未经拆迁、改建、翻建的，可以暂按现有实际使用面积确定集体土地建设用地使用权。

第四十六条　一九八二年二月《村镇建房用地管理条例》发布时起至一九八七年一月《土地管理法》开始施行时止，农村居民建房占用的宅基地，其面积超过当地政府规定标准的，超过部分按一九八六年三月中共中央、国务院《关于加强土地管理、制止乱占耕地的通知》及地方人民政府的有关规定处理后，按处理后实际使用面积确定集体土地建设用地使用权。

第四十七条　符合当地政府分户建房规定而尚未分户的农村居民，其现有的宅基地没有超过分户建房用地合计面积标准的，可按现有宅基地面积确定集体土地建设用地使用权。

第四十八条　非农业户口居民（含华侨）原在农村的宅基地，房屋产权没有变化的，可依法确定其集体土地建设用地使用权。房屋拆除后没有批准重建的，土地使用权由集体收回。

第四十九条 接受转让、购买房屋取得的宅基地，与原有宅基地合计面积超过当地政府规定标准，按照有关规定处理后允许继续使用的，可暂确定其集体土地建设用地使用权。继承房屋取得的宅基地，可确定集体土地建设用地使用权。

第五十条 农村专业户宅基地以外的非农业建设用地与宅基地分别确定集体土地建设用地使用权。

第五十一条 按照本规定第四十五条至第四十九条的规定确定农村居民宅基地集体土地建设用地使用权时，其面积超过当地政府规定标准的，可在土地登记卡和土地证书内注明超过标准面积的数量。以后分户建房或现有房屋拆迁、改建、翻建或政府依法实施规划重新建设时，按当地政府规定的面积标准重新确定使用权，其超过部分退还集体。

第五十二条 空闲或房屋坍塌、拆除两年以上未恢复使用的宅基地，不确定土地使用权。已经确定使用权的，由集体报经县级人民政府批准，注销其土地登记，土地由集体收回。

第六章 附 则

第五十三条 一宗地由两个以上单位或个人共同使用的，可确定为共有土地使用权。共有土地使用权面积可以在共有使用人之间分摊。

第五十四条 地面与空中、地面与地下立体交叉使用土地的（楼房除外），土地使用权确定给地面使用者，空中和地下可确定为他项权利。

平面交叉使用土地的，可以确定为共有土地使用权；也可以将土地使用权确定给主要用途或优先使用单位，次要和服从使用单位可确定为他项权利。

上述两款中的交叉用地，如属合法批准征用、划拨的，可按批准文件确定使用权，其他用地单位确定为他项权利。

第五十五条 依法划定的铁路、公路、河道、水利工程、军事设施、危险品生产和储存地、风景区等区域的管理和保护范围内的土地，其土地的所有权和使用权依照土地管理有关法规确定。但对上述范围内的土地的用途，可以根据有关的规定增加适当的限制条件。

第五十六条　土地所有权或使用权证明文件上的四至界线与实地一致，但实地面积与批准面积不一致的，按实地四至界线计算土地面积，确定土地的所有权或使用权。

第五十七条　他项权利依照法律或当事人约定设定。他项权利可以与土地所有权或使用权同时确定，也可在土地所有权或使用权确定之后增设。

第五十八条　各级人民政府或人民法院已依法处理的土地权属争议，按处理决定确定土地所有权或使用权。

第五十九条　本规定由国家土地管理局负责解释。

第六十条　本规定自一九九五年五月一日起施行。一九八九年七月五日国家土地管理局印发的《关于确定土地权属问题的若干意见》同时停止执行。

附件 6：土地权属争议调查处理办法

土地权属争议调查处理办法

中华人民共和国国土资源部令第 17 号

《土地权属争议调查处理办法》，已经 2002 年 12 月 20 日国土资源部 第 7 次部务会议通过，现予发布，自 2003 年 3 月 1 日起施行。

土地权属争议调查处理办法

第一条 为依法、公正、及时地做好土地权属争议的调查处理工作，保护当事人的合法权益，维护土地的社会主义公有制，根据《中华人民共和国土地管理法》，制定本办法。

第二条 本办法所称土地权属争议，是指土地所有权或者使用权归属争议。

第三条 调查处理土地权属争议，应当以法律、法规和土地管理规章为依据。从实际出发，尊重历史，面对现实。

第四条 县级以上国土资源行政主管部门负责土地权属争议案件（以下简称争议案件）的调查和调解工作；对需要依法作出处理决定的，拟定处理意见，报同级人民政府作出处理决定。

县级以上国土资源行政主管部门可以指定专门机构或者人员负责办理争议案件有关事宜。

第五条 个人之间、个人与单位之间、单位与单位之间发生的争议案件，由争议土地所在地的县级国土资源行政主管部门调查处理。

前款规定的个人之间、个人与单位之间发生的争议案件，可以根据当事人的申请，由乡级人民政府受理和处理。

第六条 设区的市、自治州国土资源行政主管部门调查处理下列争议案件：

（一）跨县级行政区域的；

（二）同级人民政府、上级国土资源行政主管部门交办或者有关部门转送的。

第七条 省、自治区、直辖市国土资源行政主管部门调查处理下列争议案件：

（一）跨设区的市、自治州行政区域的；

（二）争议一方为中央国家机关或者其直属单位，且涉及土地面积较大的；

（三）争议一方为军队，且涉及土地面积较大的；

（四）在本行政区域内有较大影响的；

（五）同级人民政府、国土资源部交办或者有关部门转送的。

第八条 国土资源部调查处理下列争议案件：

（一）国务院交办的；

（二）在全国范围内有重大影响的。

第九条 当事人发生土地权属争议，经协商不能解决的，可以依法向县级以上人民政府或者乡级人民政府提出处理申请，也可以依照本办法第五、六、七、八条的规定，向有关的国土资源行政主管部门提出调查处理申请。

第十条 申请调查处理土地权属争议的，应当符合下列条件：

（一）申请人与争议的土地有直接利害关系；

（二）有明确的请求处理对象、具体的处理请求和事实根据。

第十一条 当事人申请调查处理土地权属争议，应当提交书面申请书和有关证据材料，并按照被申请人数提交副本。

申请书应当载明以下事项：

（一）申请人和被申请人的姓名或者名称、地址、邮政编码、法定代表人姓名和职务；

（二）请求的事项、事实和理由；

（三）证人的姓名、工作单位、住址、邮政编码。

第十二条 当事人可以委托代理人代为申请土地权属争议的调查处理。委托代理人申请的，应当提交授权委托书。授权委托书应当写明委托事项和权限。

第十三条 对申请人提出的土地权属争议调查处理的申请，国土资源行政主管部门应当依照本办法第十条的规定进行审查，并在收到申请书之日起 7 个工作日内提出是否受理的意见。

认为应当受理的，在决定受理之日起 5 个工作日内将申请书副本发送被申请人。被申请人应当在接到申请书副本之日起30日内提交答辩书和有关证据材料。逾期不提交答辩书的，不影响案件的处理。

认为不应当受理的，应当及时拟定不予受理建议书，报同级人民政府作出不予受理决定。

当事人对不予受理决定不服的，可以依法申请行政复议或者提起行政诉讼。

同级人民政府、上级国土资源行政主管部门交办或者有关部门转办的争议案件，按照本条有关规定审查处理。

第十四条 下列案件不作为争议案件受理：

（一）土地侵权案件；

（二）行政区域边界争议案件；

（三）土地违法案件；

（四）农村土地承包经营权争议案件；

（五）其他不作为土地权属争议的案件。

第十五条 国土资源行政主管部门决定受理后，应当及时指定承办人，对当事人争议的事实情况进行调查。

第十六条 承办人与争议案件有利害关系的，应当申请回避；当事人认为承办人与争议案件有利害关系的，有权请求该承办人回避。承办人是否回避，由受理案件的国土资源行政主管部门决定。

第十七条 承办人在调查处理土地权属争议过程中，可以向有关单位或者个人调查取证。被调查的单位或者个人应当协助，并如实提供有关证明材料。

第十八条 在调查处理土地权属争议过程中，国土资源行政主管部门认为有必要对争议的土地进行实地调查的，应当通知当事人及有关人员到现场。必要时，可以邀请有关部门派人协助调查。

第十九条 土地权属争议双方当事人对各自提出的事实和理

由负有举证责任，应当及时向负责调查处理的国土资源行政主管部门提供有关证据材料。

第二十条 国土资源行政主管部门在调查处理争议案件时，应当审查双方当事人提供的下列证据材料：

（一）人民政府颁发的确定土地权属的凭证；

（二）人民政府或者主管部门批准征用、划拨、出让土地或者以其它方式批准使用土地的文件；

（三）争议双方当事人依法达成的书面协议；

（四）人民政府或者司法机关处理争议的文件或者附图；

（五）其他有关证明文件。

第二十一条 对当事人提供的证据材料，国土资源行政主管部门应当查证属实，方可作为认定事实的根据。

第二十二条 在土地所有权和使用权争议解决之前，任何一方不得改变土地利用的现状。

第二十三条 国土资源行政主管部门对受理的争议案件，应当在查清事实、分清权属关系的基础上先行调解，促使当事人以协商方式达成协议。

调解应当坚持自愿、合法的原则。

第二十四条 调解达成协议的，应当制作调解书。调解书应当载明以下内容：

（一）当事人的姓名或者名称、法定代表人姓名、职务；

（二）争议的主要事实；

（三）协议内容及其他有关事项。

第二十五条 调解书经双方当事人签名或者盖章，由承办人署名并加盖国土资源行政主管部门的印章后生效。

生效的调解书具有法律效力，是土地登记的依据。

第二十六条 国土资源行政主管部门应当在调解书生效之日起 15 日内，依照民事诉讼法的有关规定，将调解书送达当事人，并同时抄报上一级国土资源行政主管部门。

第二十七条 调解未达成协议的，国土资源行政主管理部门应当及时提出调查处理意见，报同级人民政府作出处理决定。

第二十八条 国土资源行政主管部门应当自受理土地权属争议之日起6个月内提出调查处理意见。因情况复杂，在规定时间内不能提出调查处理意见的，经该国土资源行政主管部门的主要负责人批准，可以适当延长。

第二十九条 调查处理意见应当包括以下内容：

（一）当事人的姓名或者名称、地址、法定代表人的姓名、职务；

（二）争议的事实、理由和要求；

（三）认定的事实和适用的法律、法规等依据；

（四）拟定的处理结论。

第三十条 国土资源行政主管部门提出调查处理意见后，应当在5个工作日内报送同级人民政府，由人民政府下达处理决定。

国土资源行政主管部门的调查处理意见在报同级人民政府的同时，抄报上一级国土资源行政主管部门。

第三十一条 当事人对人民政府作出的处理决定不服的，可以依法申请行政复议或者提起行政诉讼。

在规定的时间内，当事人既不申请行政复议，也不提起行政诉讼，处理决定即发生法律效力。

生效的处理决定是土地登记的依据。

第三十二条 在土地权属争议调查处理过程中，国土资源行政主管部门的工作人员玩忽职守、滥用职权、徇私舞弊，构成犯罪的，依法追究刑事责任；不构成犯罪的，由其所在单位或者其上级机关依法给予行政处分。

第三十三条 乡级人民政府处理土地权属争议，参照本办法执行。

第三十四条 调查处理争议案件的文书格式，由国土资源部统一制定。

第三十五条 调查处理争议案件的费用，依照国家有关规定执行。

第三十六条 本办法自 2003 年 3 月 1 日起施行。1995 年 12 月 18 日原国家土地管理局发布的《土地权属争议处理暂行办法》同时废止。

后　记

依法、及时和公正地调处土地权属争议，对于保护土地权利人合法权益，促进国土资源管理工作，维护社会稳定，有着十分重要的意义。为指导和推动各地土地权属争议调处工作的开展，总结各类土地权属争议调处工作经验，国土资源部地籍司组织编写了《土地权属争议调处案例选》，为全国土地权属争议调处工作提供借鉴参考。

该书收集了5类土地权属争议、49种争议情况、76个案例，较全面地反映了各类土地权属争议。汇编中案例采用“争议当事人、争议的基本情况、处理意见及适用法律法规、案例评析”四部分的编写形式，案例内容追求“原汁、原味”。通过这种编写方法较全面了解土地权属争议产生、处理的经过，能够帮助读者解读土地确权的难点和疑点，对开展土地权属争议调处工作有一定的价值。

本书由国土资源部机关及有关单位多年从事土地管理工作的人员分别撰稿，强调客观分析与实用的统一，具有以下几个特点：一是收集案例较全面。土地权属争议分为国有土地与集体土地权属争议、国有土地使用权权属争议、集体土地所有权权属争议、集体土地使用权及土地他项权利权属争议，各种土地权属争议调处案例在本书中都得到了体现；二是实用性强。每一篇案例都对应我国确权规定中的有关条款，案例分析紧扣权属争议调处中的难点问题，例如法律的适用、处理程序的合法、处理结果的合法与合理等。通过对一个类型中一个案例的深入分析，可以掌握同类型权属争议案例的调处要点。

成书过程中，各级国土资源管理部门给予了我们很大的支持，中国土地勘测规划院地籍所做了大量的工作。许多基层国土资源管理部门的同志为我们提供了宝贵的案例，特别是原国家土地管理局副局长马克伟、原国家土地管理局建设用地司李尚杰司长对本书的撰写提出了指导性意见，在此表示诚挚的谢意。

由于我国土地权利体系不健全，土地权属争议错综复杂，且本书的编写具有一定的探讨性，书中难免有不当之处，敬请广大读者批评指正，以利于我们再版时进一步修改和完善。

2006 年 3 月